立信会计实验系列教材

新编会计模拟实习

商品流通企业分册

（第七版）

沈亚香　周陈莲　孙　华　编写

立信会计出版社
LIXIN ACCOUNTING PUBLISHING HOUSE

图书在版编目(CIP)数据

新编会计模拟实习.商品流通企业分册 / 沈亚香,周陈莲,孙华编写.—7版.—上海：立信会计出版社,2018.7(2024.9重印)
立信会计实验系列教材
ISBN 978-7-5429-5921-8

Ⅰ.①新… Ⅱ.①沈… ②周… ③孙… Ⅲ.①会计—实习—教材 ②商业会计—实习—教材 Ⅳ.①F23-45

中国版本图书馆CIP数据核字(2018)第181807号

责任编辑 陈 旻

新编会计模拟实习——商品流通企业分册(第七版)

XINBIAN KUAIJI MONI SHIXI SHANGPIN LIUTONG QIYE FENCE

出版发行	立信会计出版社		
地 址	上海市中山西路2230号	邮政编码	200235
电 话	(021)64411389	传 真	(021)64411325
网 址	www.lixinaph.com	电子邮箱	lixinaph2019@126.com
网上书店	http://lixin.jd.com		http://lxkjcbs.tmall.com
经 销	各地新华书店		
印 刷	上海万卷印刷股份有限公司		
开 本	787毫米×1092毫米	1/16	
印 张	19.75	插 页	5
字 数	270千字		
版 次	2018年7月第7版		
印 次	2024年9月第4次		
书 号	ISBN 978-7-5429-5921-8/F		
定 价	45.00元		

第七版说明

为解决执行《企业会计准则》的企业在财务报告编制中的实际问题，规范企业财务报表列报，提高会计信息质量，针对2018年1月1日起分阶段实施的《企业会计准则第22号——金融工具确认和计量》(财会〔2017〕7号)、《企业会计准则第23号——金融资产转移》(财会〔2017〕8号)、《企业会计准则第24号——套期会计》(财会〔2017〕9号)、《企业会计准则第37号——金融工具列报》(财会〔2017〕14号)(以上四项简称新金融准则)和《企业会计准则第14号——收入》(财会〔2017〕22号，简称新收入准则)，以及企业会计准则实施中的有关情况，财政部对一般企业财务报表格式进行了修订。修订的一般企业财务报表格式分为适用于尚未执行新金融准则和新收入准则的企业和适用于已执行新金融准则或新收入准则的企业两种。本实习所列财务报表适用于尚未执行新金融准则和新收入准则的企业的格式。2017年12月25日发布的《关于修订印发一般企业财务报表格式的通知》(财会〔2017〕30号)同时废止。为完善增值税制度，减轻市场主体税负，激发市场活力，2018年3月28日国务院常务会议确定将增值税税率由17%、11%、6%调整为16%、10%、6%，4月4月，关于税率调整的文件《财政部税务总局关于调整增值税税率的通知》(财会〔2018〕32号)正式下发。根据会计改革和税制改革的要求，我们对《新编会计模拟实习——商品流通企业分册》进行了相应的修改，以使模拟实习与企业实务结合更加紧密。本次修改由沈亚香、周陈莲完成。由于我们水平有限，书中难免有错误和不当之处，敬请提出批评指正，以便进一步完善。

编　　者

第七版说明

[illegible]

第六版说明

为满足我国国内企业和资本市场发展的需要，在借鉴国际财务报告准则的基础之上，2014 年年初财政部在 2006 年发布的企业会计准则体系基础上，陆续发布了修订后的基本准则、长期股权投资、职工薪酬、财务报表列报、合并财务报表和金融工具列报六项企业会计准则，以及公允价值计量、合营安排、在其他主体中权益的披露三项新企业会计准则。目前，我国《企业会计准则》由 1 项基本会计准则和 41 项具体会计准则组成。现行企业会计准则体系在会计确认、计量等方面有了诸多的突破。2016 年 3 月 23 日，财政部、国家税务总局颁布的《关于全面推开营业税改征增值税试点的通知》规定，自 2016 年 5 月 1 日起全面推开“营改增”试点。我们根据会计改革和税制改革的要求，对本会计模拟实验教材进行了相应的修改。本次修改由沈亚香、周陈莲完成。

编　　者

第五版说明

随着社会经济的发展，对会计信息时效性要求越来越高，计算机技术在会计实务中已被广泛运用。会计模拟实习不但应与现行企业会计实务紧密结合，而且还应适应现行企业会计处理技术的需要。为了在信息化时代给有志于走上会计工作岗位的人们提供切实的帮助，我们对本书进行第五次修改。随着税制改革的深入，相关细则的出台，有关的税务处理也发生了相应的变化，本书中涉及税务处理的相关内容也在第五版中作了修改。本次修改由沈亚香、周陈莲完成。

编　者

第四版说明

近年来我国实行了一系列税制改革，企业从2008年1月1日起实行《中华人民共和国企业所得税法》(2007年3月16日通过)，2009年1月1日起施行《中华人民共和国增值税暂行条例》(2008年1月5日修订通过)等。我们根据税制改革的要求，对本会计实验教材进行了相应的修订，使模拟实习与企业会计实际结合更加紧密。本次修订由沈亚香、周陈莲完成。

编　者

第三版说明

为适应新形势下国内外经济环境发展变化的需要，适应市场经济条件下对会计信息需求多元化的需要，适应经济全球化下会计准则国际趋同的世界潮流，落实科学发展观，推进和谐社会建设，财政部于 2006 年 2 月发布了新修订的《企业会计准则》，10 月，又在此基础上发布了《企业会计准则——应用指南》。为了跟上我国会计改革的步伐，我们对本书进行第三次修订，使模拟实习与现行企业会计实务结合更加紧密。本次修订由沈亚香、周陈莲完成。

编　者

重新修订说明

我国会计规范国际化进程加快至1999年以来，又陆续颁布了一系列企业会计准则，并从2001年1月1日起逐步实施统一的企业会计制度，这对于规范我国企业会计核算行为真实地、完整地反映企业的财务状况、经营成果和现金流量，提高企业的会计信息质量，具有深远意义。为了跟上我国会计改革和国际化进程步伐，我们对本书进行第二次修订，使模拟实习与现行企业会计实务结合更加紧密。

编　　者

修 订 版 说 明

本册会计模拟实习资料出版以来，受到广大读者的厚爱。由于 1996 年现金流量表等具体会计准则尚未颁布，故当时仍将财务状况变动表作为实习编制的财务报表之一。为了更加贴近现行企业会计实务，现根据财政部颁布的现金流量表具体会计准则及《关于执行具体会计准则和〈股份有限公司会计制度〉有关会计问题解答》[财会字(1998)66 号]的精神对本模拟实习进行了修订，以更好地满足广大读者的需要。

编　　者

前　　言

为了适应社会主义市场经济体制对会计专业人才的需要，加强理论联系实际，锻炼学生实际操作技能和综合分析能力，提高教学质量，也为了解决大批学生到企业单位实习的困难，我们根据多年从事会计教学、审计业务以及指导学生的经验和体会，编写了这套《新编会计模拟实习》，按行业编写各分册。这些分册既能分别独立作为实习教材使用，又能相互结合作为一个股份制企业集团的实习资料使用，适用面广、灵活性强。

《新编会计模拟实习——商品流通企业分册》是取材于一个综合型百货公司的实务，并根据该公司大量真实的核算资料进行分析、筛选、补充编写而成的。对实习主体的有关内部核算制度、经济业务和会计核算内容，以文字与流程图相配合的形式进行介绍，有利于学生系统地熟悉商品流通企业会计核算工作。

本模拟实习按照我国会计与国际接轨过程中颁布的《企业会计准则》和行业会计制度，以某百货公司某年 12 月份的经济业务和 1～11 月份的有关账户记录作为模拟实习资料，除了商品批发和零售的购、销(包括委托代销)主营业务和商品销售成本的计算外，还包括了银行结算、贷款、租赁、保险、投资、赞助、纳税、财产清查、固定资产购置等业务。这些内容体现了会计改革、税制改革的精神和要求，不仅有利于学生系统掌握从填制会计凭证到编制、分析会计报表的全部会计核算程序，而且有助于学生比较全面地掌握现代企业的会计实务。

本模拟实习提供分阶段的参考答案和有针对性的释疑解难，以便于实习者上手操作和检查核对，并起到具体而有效的辅导作用。此外，本模拟实习所提供的企业内部会计核算办法的有关资料，对企业的会计制度设计也具有一定参考价值。

会计实习是通向会计实践的捷径，本模拟实习将为有志于走上会计工作岗位的人们提供切实的帮助。

本模拟实习主要由沈亚香、周陈莲编写，孙华参加了部分内容的编写以及资料的整理工作。

由于我们编写时间比较仓促，加上水平和经验有限，书中难免有错误、不当之处，敬请读者提出批评和指正。

编　　者

前 言

目　录

一、实习企业概况

（一）注册资金、企业类型与经营范围

企业名称：信谊百货公司
住　　所：上海花园路1307号
联系电话：62510039
邮政编码：200011
法定代表人、经理：胡学进
注册资金：捌佰万元整
　　　　其中：45%为信恒保温瓶厂投入资本
　　　　　　　25%为立信股份有限公司投入资本
　　　　　　　30%为恒通百货公司投入资本
企业类型：有限责任公司（国内合资）
经营范围：国内贸易，批发百货、文化用品，零售家电、黄金饰品、食品、补品、冷冻食品
纳税人登记号：310105207113040
企业代码：410112431
该公司银行开户情况：
基本存款账户：中国工商银行上海分行黄浦支行216－03193201
一般存款账户：中国银行上海分行023－17693

（二）内部组织机构及人员分布

该公司共有职工65人，内部组织机构和人员分布如下：

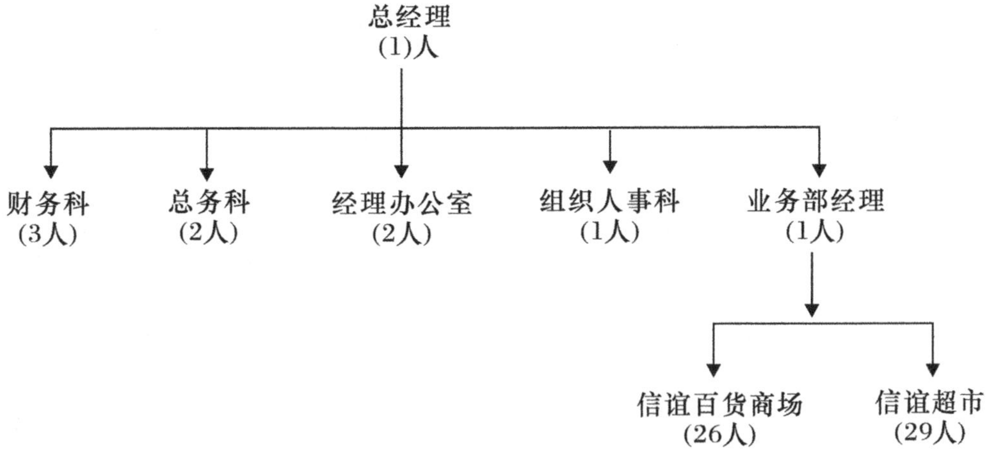

其中：信谊百货商场批零兼营，批发商品包括百货类和文化用品类，零售商品包括家电类

和黄金饰品类。

信谊超市经营商品的零售业务，零售商品包括食品类、补品类和冷冻食品类商品。

(三) 对外长期股权投资

接受投资单位	注册资金	出资比例
中外合资祥安百货公司	8 000 000 元	60%
通顺实业公司	10 000 000 元	70%

该公司对上述两个单位投资的期限均已超过 1 年。

二、企业会计政策与内部会计核算办法

（一）财务科内部分工

该公司财务科共有会计人员 3 名，分工如下所述。

1. 财务科长

审核业务，编制结算损益、纳税调整及利润分配等业务的记账凭证，填制各项税金纳税申报表。

编制科目汇总表，登记总分类账，编制对外报送的财务报表。

调度资金，进行财务分析，制定财务计划，参与公司经营决策，全面负责财务科的工作。

2. 出纳

办理公司货币资金收付业务，编制收、付款记账凭证，登记库存现金日记账、银行存款日记账、现金流量表台账。

每日营业终了，将库存现金日记账结存数与库存现金核对，做到账款相符。

将银行存款日记账与银行对账单进行核对，编制银行存款余额调节表。

3. 会计

编制商品采购、入库、销售等业务的记账凭证，计算及分摊商品进销差价，登记库存商品核算的有关明细分类账。

编制有关债权债务结算的记账凭证，登记有关明细分类账。

编制固定资产购置、折旧、清理、清查等业务的记账凭证。

编制工资结算及分配，计提社会保险费及住房公积金等业务的记账凭证。

编制费用发生及成本结转等业务的记账凭证，登记有关费用、成本明细分类账。

编制有关计提税金及附加的记账凭证，登记有关明细分类账。

（二）账务处理程序

该公司采用科目汇总表账务处理程序。

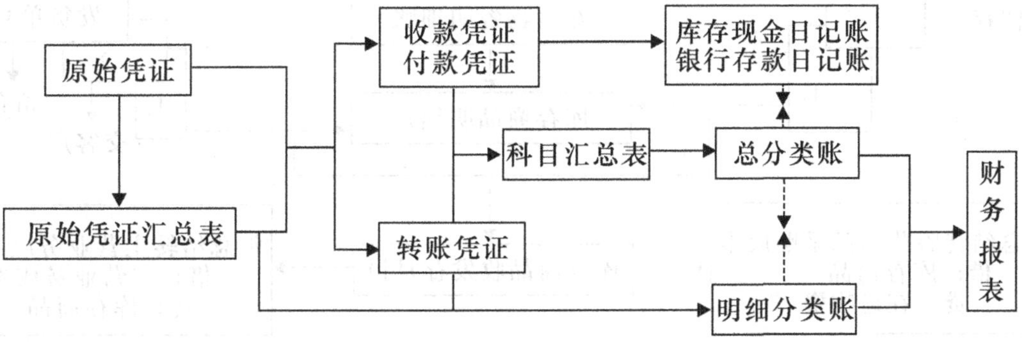

（三）坏账准备的计提

年末按应收账款及其他应收款的账龄、估计坏账率调整坏账准备余额。

账龄	估计坏账率
半年以内	2%
半年至一年	5%
一年至两年	20%
两年至三年	50%
三年以上	100%

（四）备用金核算

采购员出差先预支差旅费，回公司后一次结清。

（五）库存商品收发核算方法及流程图

1. 批发商品按进价成本进行核算

“在途物资”“库存商品”按商品类别及名称规格进行明细核算，其明细项目详见第八部分“（二十三）库存商品收发存月报表”。

月末根据本月商品验收单、发货单、退货单，以及在途物资明细账户记录，编制库存商品收发存月报表，编制汇总结转验收商品采购成本的记账凭证，按一次加权平均进价法计算加权平均进价，并据以编制汇总结转主营业务成本的记账凭证。

月末对库存商品等存货进行清查，根据盘点结果编制商品盘点溢缺报告单，报经分管副经理批准后处理。

库存商品收发核算流程简图如下所示。

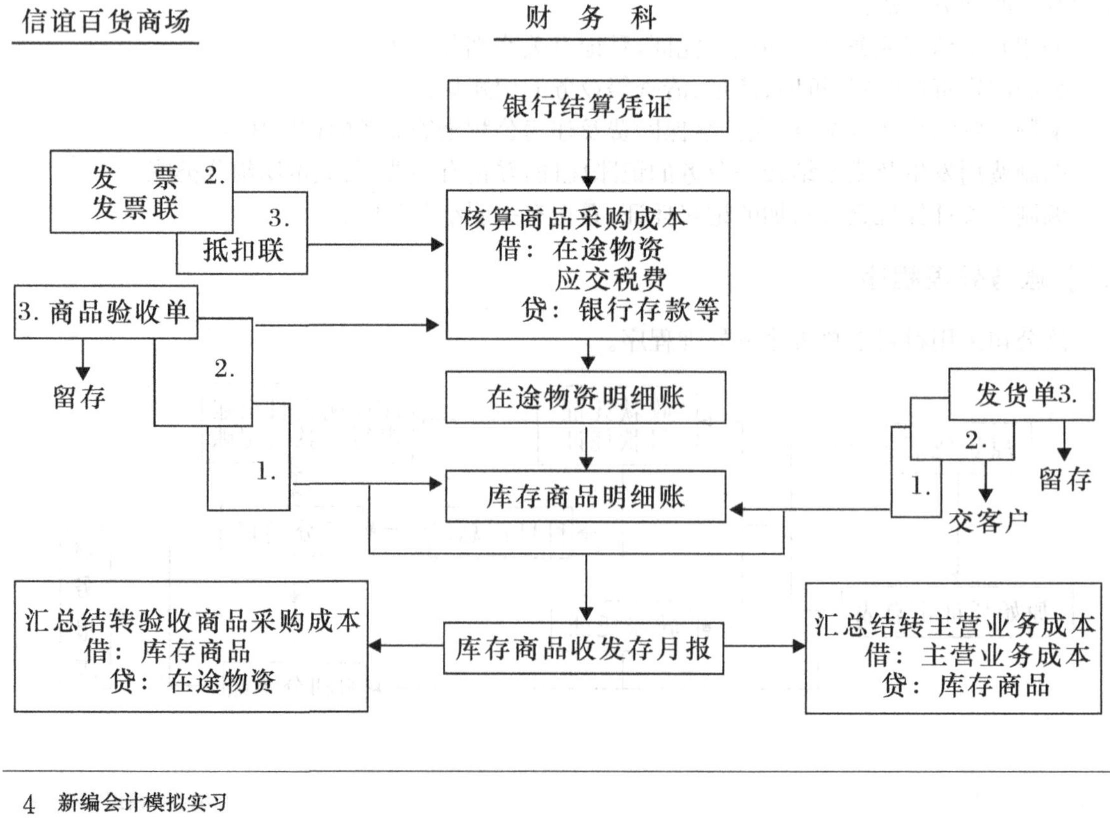

2. 零售商品按售价金额进行核算

“在途物资”“库存商品”按商品类别进行明细核算，其类别有：家电、黄金饰品、食品、补品和冷冻食品五类。

月末根据本月商品进销存日报，编制“商品进销存月报”，根据在途物资明细账户记录以及“商品进销存月报”，编制结转验收商品采购成本的记账凭证和结转主营业务成本的记账凭证。分类计算商品进销差价率，并据以编制分摊商品进销差价的记账凭证。

月末对库存商品等存货进行清查，根据盘点结果编制商品盘点溢缺报告单，报经分管副经理审批后处理。

库存商品收发核算流程简图如下所示。

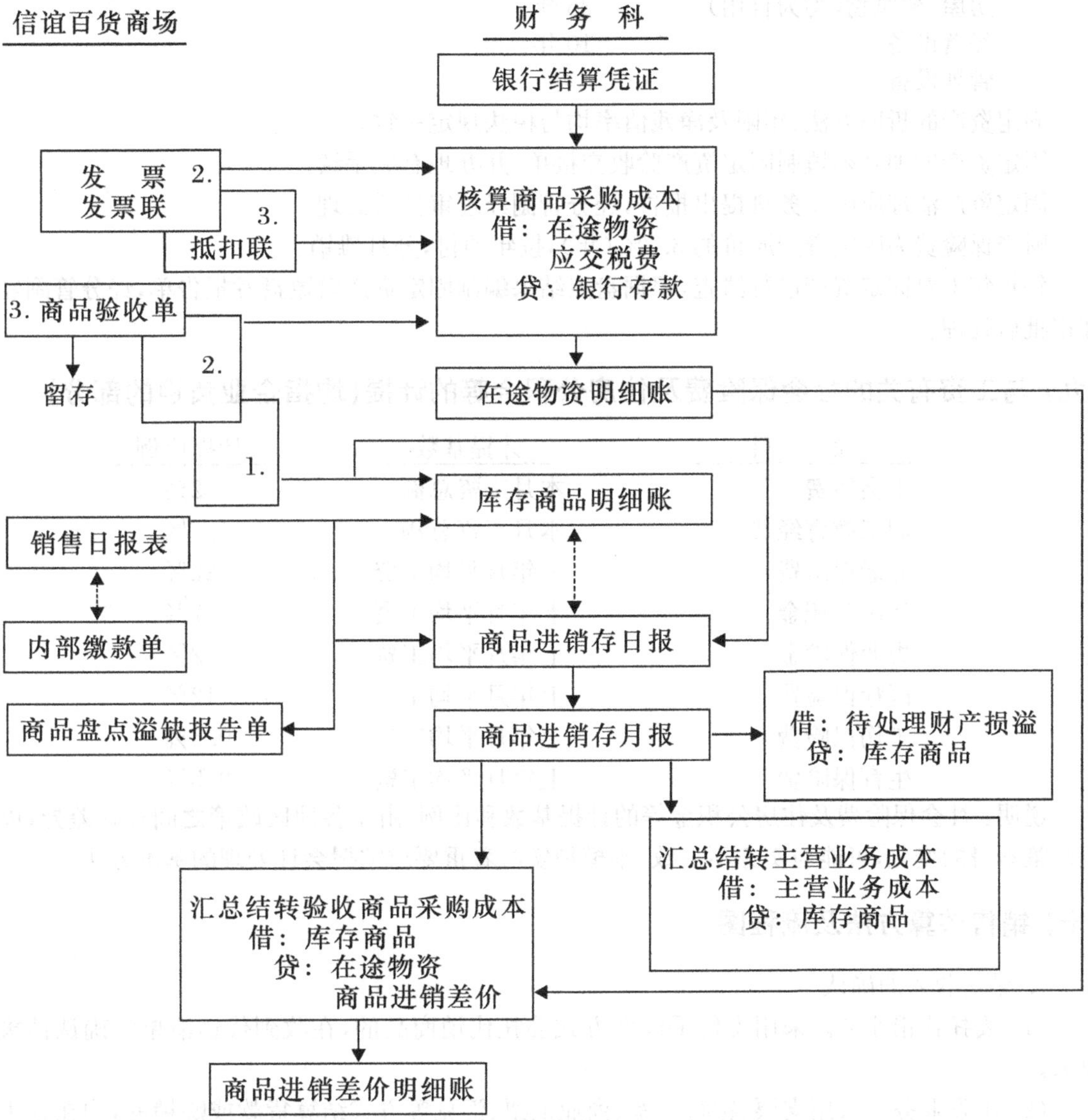

（六）存货跌价准备的计提

年末按成本与可变现净值孰低法调整存货跌价准备余额。成本与可变现净值比较方法为：

批发商品按单个存货项目比较，其他存货按类别比较。

（七）包装物及低值易耗品的摊销

包装物摊销采用一次摊销法；低值易耗品摊销采用五五摊销法。

（八）固定资产核算

固定资产必须同时满足单位价值 2 000 元以上、使用年限 1 年以上这两个条件。

对固定资产按平均年限法分类计提折旧，净残值率均为 4%。各类固定资产预计使用年限如下：

房屋、建筑物（均为自用）	35 年
经营设备	10 年
管理设备	5 年

固定资产的折旧方法、年限及净残值率均与税法规定一致。

固定资产增加必须填制固定资产验收交接单，并办理有关手续。

固定资产清理应由总务科提出报告，经分管副经理审批后处理。

财产保险费为固定资产原价的 3.7‰（年），按年预付，分月摊销。

每年年末对固定资产进行清查，根据盘点结果编制固定资产盘盈盘亏报告单，经分管副经理审批后处理。

（九）与工资有关的社会保险费及住房公积金等的计提（均指企业负担的部分）

项　　目	计提基数	计提比例
工会经费	本月工资总额	2%
职工教育经费	本月工资总额	1.5%
养老保险费	上年月平均工资	22%
住房公积金	上年月平均工资	7%
失业保险金	上年月平均工资	2%
医疗保险费	上年月平均工资	12%
工伤保险费	上年月平均工资	0.5%
生育保险费	上年月平均工资	0.5%

说明：社会保险费及住房公积金等的计提基数和比例，由于各地区政策之间存在差异，以及政策本身的变化，可能与实务不一致，本模拟实习着重要求掌握会计处理的基本方法。

（十）销售核算方法及流程图

1. 销售收入的确认

（1）委托代销业务。采用支付手续费方式委托代销商品的，在收到代销清单时确认销售收入。

（2）批发业务。采用支票、银行汇票、商业汇票、汇兑等方式结算货款或赊销的，均在开出发票并发出商品后确认销售收入；采用委托收款、托收承付结算方式的，在开出发票、发出商品，并向银行办妥托收手续时确认销售收入。

（3）零售业务。在收到各经营单位交来销售日报表和内部缴款单时确认销售收入。

2. 销售核算流程简图

(1) 批发业务。

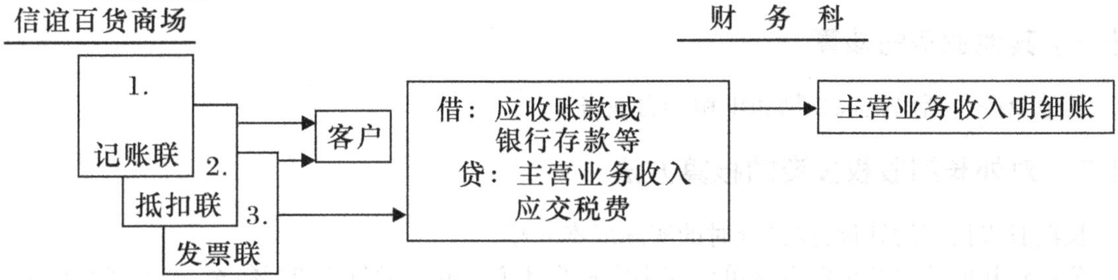

信谊百货商场
财 务 科
1.
记账联
2.
抵扣联
3.
发票联
客户
借：应收账款或
银行存款等
贷：主营业务收入
应交税费
主营业务收入明细账

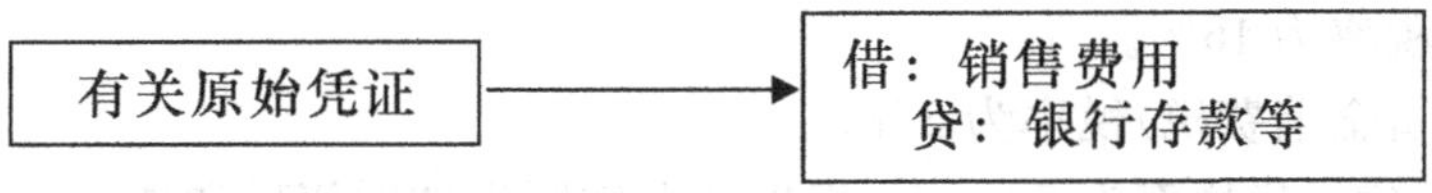

有关原始凭证
借：销售费用
贷：银行存款等

(2) 零售业务。

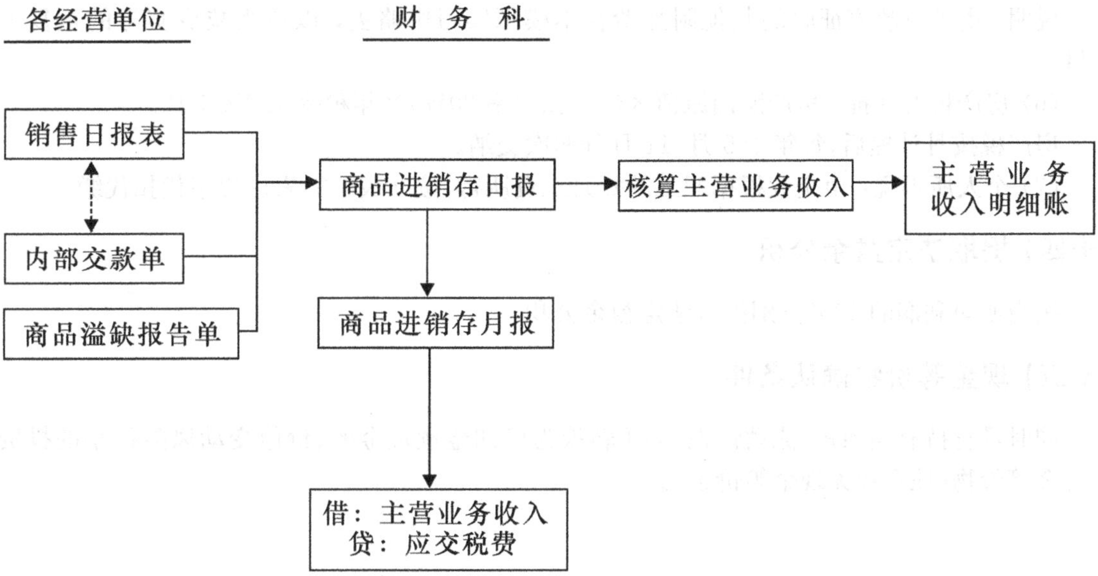

各经营单位
财 务 科
销售日报表
内部交款单
商品溢缺报告单
商品进销存日报
核算主营业务收入
主 营 业 务
收入明细账
商品进销存月报
借：主营业务收入
贷：应交税费

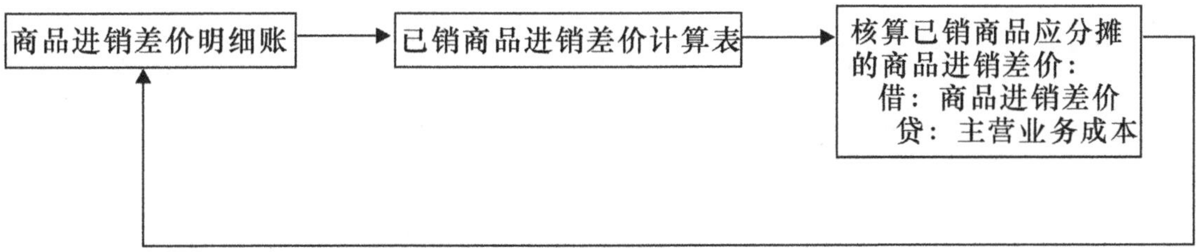

商品进销差价明细账
已销商品进销差价计算表
核算已销商品应分摊
的商品进销差价：
借：商品进销差价
贷：主营业务成本

(十一) 其他业务的核算

其他业务包括出租包装物和出租柜台业务。

(十二) 对外长期股权投资的核算方法

长期股权投资的计价:按投资时的实际成本入账。

公司对其他单位的投资占该单位有表决权资本总额的20%(含20%)至50%(含50%),应采用权益法核算;公司对其他单位的投资占该单位有表决权资本总额的50%以上的采用成本法核算。

(十三) 税金及附加的计提

(1) 企业所得税,税率为25%。

(2) 增值税,税率为16%。

(3) 消费税(黄金消费税)税率为5%。

(4) 城市维护建设税税率为7%。
(5) 教育费附加率为3%。
(根据企业实际交纳增值税和消费税税额之和计征)

说明:由地方政府征收的其他附加费在本模拟实习中略去,以适当减少实习的重复工作量。

(6) 房产税的计提:房产账面原值×(1-扣除率20%)×年税率1.2%÷12。

房产税按月计提后,每年于5月、11月分两次交纳。

(7) 个人所得税:由企业根据职工的每月工资所得,按9级超额累进税率代扣代缴。

(十四) 提取法定盈余公积

按当期净利润的10%分别提取法定盈余公积。

(十五) 现金等价物确认条件

同时具有持有期限短、流动性强、易于转换为已知金额现金的、价值变动风险很小的投资为现金等价物(该企业无现金等价物)。

三、实习目的、程序、要求及实习组织

(一) 实习目的

本模拟实习所提供的实习素材的操作，使学生对商品流通企业的商品购销业务程序有一个系统的感性认识，帮助学生全面、扎实地掌握商品流通企业会计核算的基本理论和方法。学生经过本次实习，达到熟练运用商品流通企业会计核算的基本技能操作，更好地将所学的会计理论知识与现代实务紧密地结合起来，融会贯通，有所深入、有所拓展的目的，为适应社会主义市场经济发展的形势、为毕业踏上工作岗位后尽快进入实务工作打下扎实的基础。

(二) 实习程序和要求

(1) 通读本模拟实习企业的基本概况、会计政策、内部会计核算办法，领会批发商品、零售商品的流转及其会计核算流程的异同处，熟悉实习企业在12月份内的主要经营业务，按照本模拟实习提供的实习程序，明确实习的要求，做到心中有数，循序渐进。

(2) 根据模拟实习第四部分“(二) 账页格式及2018年12月初账户余额”，开设总分类账、明细分类账、库存现金日记账、银行存款日记账，将月初余额填入余额栏内，在“摘要栏”首填写“月初余额”。为简化核算，避免重复，只需按建账资料的要求设置有关明细账，其余明细账的登记从略。

此外，还应根据经济业务发生情况，增设必要的账户。

(3) 将12月份经济业务所需用的各种原始凭证，按业务序号剪下，加以整理或填制，分类编制记账凭证，记账凭证按顺序编号，随后将原始凭证附在该记账凭证之后。

对于库存现金、银行存款、其他货币资金之间的收付业务，以贷项为主，只编制付款凭证。各类记账凭证编号方法如下：

库存现金收款凭证	现收01、现收02……
库存现金付款凭证	现付01、现付02……
银行存款收款凭证	银收01、银收02……
银行存款付款凭证	银付01、银付02……
其他货币资金收款凭证	币收01、币收02……
其他货币资金付款凭证	币付01、币付02……
转账凭证	转01、 转02……

(4) 填制记账凭证。根据收款凭证、付款凭证登记库存现金日记账、银行存款日记账，并登记现金流量表台账。登账均需用蓝、黑墨水笔书写，发现登账错误，分别按照划线更正法、红字更正法、补充登记法予以更正，切忌刮、挖、擦、涂。

(5) 按照模拟实习第二部分“(五) 库存商品收发核算方法及流程图”，根据本月批发商品的验收单、发货单、退货单等，汇总编制“库存商品收发存月报表”，分类结转批发商品的采购成本，采用一次加权平均进价法计算和结转商品销售成本。

(6) 根据零售商品“销售日报表”“内部缴款单”“商品溢缺报告单”等凭证编制的“商品进销存日报表”，于月末汇总编制“商品进销存月报表”，分类结转零售业务验收商品的采购成本和已销商品的销售成本。

(7) 月末分类计算并结转已销商品应分摊的商品进销差价。

(8) 根据本模拟实习第二部分“(十三) 税金及附加的计提”，计提各项税金及附加，编制有关记账凭证。

(9) 对工资分配、计提社会保险费及住房公积金等、发生各项费用等业务编制有关记账凭证。

(10) 月末进行纳税调整，计算并结转损益，进行利润分配，编制各有关记账凭证。

(11) 根据记账凭证于 15 日、31 日编制科目汇总表，进行试算平衡，并据以登记总分类账户。

(12) 结出各账户的本月发生额和月末余额，将总账与日记账进行核对，总账和明细账核对从略。

(13) 核对相符后根据本模拟实习第七部分中(一)(二)(三)，编制资产负债表、利润表、现金流量表、所有者权益变动表。

(14) 根据财务报表上的数据以及提示资料，计算下列财务指标：毛利率(综合)、销售利润率、总资产报酬率、净资产收益率、资本保值增值率、资产负债率、速动比率、流动比率、应收账款周转率、存货周转率。

(15) 实习结束后，将收款、付款、转账凭证按编号排列，折叠整齐，加具封面，账册账页加具封面，装订成册，完整地交给实习指导教师。

(三) 实习组织

(1) 为实习配备专职或兼职教师，全面组织和指导实习过程的进展，负责在整个实习过程中的释疑解惑和关键部分的重点讲解，对学生实习质量和工作量给予考核和评分。

(2) 在教师的指导下，学生可视具体情况选择单独完成或分组共同完成实习。

分组完成：

每组以 2～4 人为宜。组内成员应填写各人分工及工作量明细表，便于小组成员之间明确分工，交流彼此间对整个经济业务核算过程的熟悉程度，相互复核核算的正确性，也利于教师在实习结束时据此进行口头或书面的答辩、考核。

单独完成：

能全面、系统、完整地熟悉和掌握商品流通企业会计核算全部过程。

四、建账资料

（一）会计科目表

顺序号	编 号	名 称	顺序号	编 号	名 称
		一、资产类	19	1408	委托加工物资
1	1001	库存现金	20	1412	包装物
2	1002	银行存款	21	1213	低值易耗品
3	1012	其他货币资金	22	1471	存货跌价准备
4	1101	交易性金融资产	23	1501	持有至到期投资
5	1121	应收票据	24	1502	持有至到期投资减值准备
6	1122	应收账款	25	1503	可供出售金融资产
7	1123	预付账款	26	1511	长期投资权投资
8	1131	应收股利	27	1512	长期股权投资减值准备
9	1132	应收利息	28	1521	投资性房地产
10	1221	其他应收款	29	1601	固定资产
11	1231	坏账准备	30	1602	累计折旧
12	1401	材料采购	31	1603	固定资产减值准备
13	1402	在途物资	32	1604	在建工程
14	1403	原材料	33	1605	工程物资
15	1404	材料成本差异	34	1606	固定资产清理
16	1405	库存商品	35	1701	无形资产
17	1406	发出商品	36	1702	累计摊销
18	1407	商品进销差价	37	1703	无形资产减值准备

（续表）

顺序号	编 号	名　　称	顺序号	编 号	名　　称
38	1711	商誉	61	4104	利润分配
39	1801	长期待摊费用	62	4201	库存股
40	1811	递延所得税资产			四、成本类
41	1901	待处理财产损溢	63	5001	生产成本(开发成本)
		二、负债类	64	5101	制造费用
42	2001	短期借款	65	5201	劳务成本
43	2201	应付票据			五、损益类
44	2202	应付账款	66	6001	主营业务收入
45	2203	预收账款	67	6051	其他业务收入
46	2211	应付职工薪酬	68	6061	汇兑损益
47	2221	应交税费	69	6101	公允价值变动损益
48	2231	应付利息	70	6111	投资收益
49	2232	应付股利	71	6115	资产处置损益
50	2241	其他应付款	72	6301	营业外收入
51	2501	长期借款	73	6401	主营业务成本
52	2502	应付债券	74	6402	其他业务成本
53	2701	长期应付款	75	6405	税金及附加
54	2711	专项应付款	76	6601	销售费用
55	2801	预计负债	77	6602	管理费用
56	2901	递延所得税负债	78	6603	财务费用
		三、所有者权益类	79	6701	资产减值损失
57	4001	实收资本	80	6711	营业外支出
58	4002	资本公积	81	6801	所得税费用
59	4101	盈余公积	82	6901	以前年度损益调整
60	4103	本年利润			

(二) 账页格式及 2018 年 12 月初账户余额

科目编号	总账科目	子目	细目	余额	账页格式
1001	库存现金			1 217.68	三栏式总账、日记账
1002	银行存款			438 468.51	三栏式
		工商银行	人民币户	351 510.40	日记账
		中国银行	人民币户	86 958.11	日记账
1121	应收票据			906 213.00	三栏式
		商业承兑汇票	宁波永兴百货公司	500 000.00	三栏式
		银行承兑汇票	嘉定百货公司	406 213.00	三栏式
1122	应收账款			2 700 645.00	三栏式
			南通日用百货公司	500 000.00	三栏式
			昆山百货公司	1 500 000.00	三栏式
			金山日用品公司	700 645.00	三栏式
1123	预付账款			1 405.56	三栏式
			财产保险费	1 405.56	三栏式
1221	其他应收款			600.00	三栏式
			采购员王玲	600.00	三栏式
1231	坏账准备			(贷)14 609.32	三栏式
			应收账款	14 609.32	三栏式
1412	包装物			2 000.00	三栏式
			塑料桶	2 000.00	三栏式
1413	低值易耗品			13 200.00	三栏式
		在用低值易耗品		26 400.00	三栏式
			手推车	9 000.00	三栏式
			货架	12 000.00	三栏式
			柜台	5 400.00	三栏式
		低值易耗品摊销		(贷)13 200.00	三栏式
			手推车	(贷)4 500.00	三栏式
			货架	(贷)6 000.00	三栏式

（续表）

科目编号	总账科目	子　　目	细　　目	余　　额	账页格式
			柜台	（贷）2 700.00	三栏式
1405	库存商品			1 570 869.00	三栏式
		委托代销商品	飞利浦 75W 收录机	25 600.00	三栏式
		百货类		485 320.00	
			爱德牌 500W 电饭煲	（1 000 只）83 000.00	数量金额式
			保温瓶——气压式	（8 400 只）294 000.00	数量金额式
			——铁壳式	（2 800 只）56 000.00	数量金额式
			男式羊毛内衣裤——大号	（70 套）9 240.00	数量金额式
			——中号	（50 套）5 000.00	数量金额式
			女式羊毛内衣裤——大号	（20 套）1 800.00	数量金额式
			——中号	（180 套）15 480.00	数量金额式
			——小号	（10 套）800.00	数量金额式
			不锈钢餐具	（1 000 套）20 000.00	数量金额式
		文化用品类		89 600.00	
			永胜水笔	（400 支）16 600.00	数量金额式
			TRULY 计算器	（700 只）56 000.00	数量金额式
			好儿童书包	（500 只）17 000.00	数量金额式
		家电类		237 997.00	三栏式
		黄金饰品类		43 700.00	三栏式
		食品类		541 476.00	三栏式
		补品类		72 550.00	三栏式
		冷冻食品类		74 626.00	三栏式
1407	商品进销差价			（贷）187 032.45	三栏式
		家电类		39 993.00	三栏式
		黄金饰品类		9 985.45	三栏式
		食品类		102 677.00	三栏式
		补品类		21 958.00	三栏式
		冷冻食品类		12 419.00	三栏式
1471	存货跌价准备			（贷）4 298.81	三栏式

（续表）

科目编号	总账科目	子　　目	细　　目	余　　额	账页格式
			爱德500W电饭煲	1 654.00	三栏式
			保温瓶——气压式	1 086.00	三栏式
			补品类	1 558.81	三栏式
1511	长期股权投资			2 200 000.00	三栏式
		其他股权投资	中外合资祥安百货公司	1 200 000.00	三栏式
			通顺实业公司	1 000 000.00	三栏式
1601	固定资产			5 562 000.00	三栏式
		房屋、建筑物		4 480 000.00	三栏式
		经营设备		802 000.00	三栏式
		管理设备		280 000.00	三栏式
1602	累计折旧			（贷）350 653.00	三栏式
1701	无形资产			88 818.00	三栏式
			土地使用权	88 818.00	三栏式
1702	累计摊销			（贷）8 646.00	三栏式
		土地使用权		8 646.00	三栏式
1801	长期待摊费用			29 158.28	三栏式
			房屋装修费	29 158.28	三栏式
1811	递延所得税资产			3 652.33	三栏式
2001	短期借款			930 000.00	三栏式
		中国工商银行		744 000.00	三栏式
		中国银行		186 000.00	三栏式
2201	应付票据			1 299 075.00	三栏式
		商业承兑汇票	信恒保温瓶厂	631 800.00	三栏式
		银行承兑汇票	上海家电批发公司	667 275.00	三栏式
2202	应付账款			641 190.00	三栏式
			广东批发总公司	400 000.00	三栏式
			新东副食品批发公司	241 190.00	三栏式
2203	预收账款			57 000.00	三栏式
			春亚科技公司	7 000.00	三栏式
			海虹百货公司	50 000.00	三栏式

（续表）

科目编号	总账科目	子　　目	细　　目	余　　额	账页格式
2211	应付职工薪酬			32 303. 27	三栏式
2221	应交税费			38 796. 17	三栏式
			应交所得税	14 142. 84	三栏式
			应交个人所得税	436. 61	三栏式
			应交城市维护建设税	1 541. 06	三栏式
			未交增值税	22 015. 20	多栏式
			应交教育费附加	660. 46	三栏式
2231	应付利息			14 764. 00	三栏式
			应付短期借款利息	14 764. 00	三栏式
2241	其他应付款			630. 40	三栏式
			存入保证金	630. 40	三栏式
4001	实收资本			8 000 000. 00	三栏式
			信恒保温瓶厂	4 800 000. 00	三栏式
			立信股份有限公司	2 000 000. 00	三栏式
			恒通百货公司	1 200 000. 00	三栏式
4002	资本公积			340 000. 00	三栏式
4101	盈余公积			484 477. 96	三栏式
			法定盈余公积	484 477. 96	三栏式
4103	本年利润			736 377. 23	三栏式
4104	利润分配			378 393. 75	三栏式
			未分配利润	378 393. 75	三栏式

(三)“销售费用”明细项目

项目	运费	装卸费	整理费	包装费	展览费	保管费	检验费	广告费	商品损耗	手续费	职工薪酬	其他

（四）“管理费用”明细项目

项目	职工薪酬	业务招待费	工会经费	职工教育经费	低值易耗品摊销	折旧费	差旅费	办公费	水电费	财产保险费	长期待摊费用摊销	无形资产摊销	其他

（五）库存商品售价（含税）表

库存商品售价（含税）表

经营单位	商品类别	商品名称及规格	计量单位编码	计量单位名称	售价（元）
信谊百货商场	百货类	铝壳气压保温瓶	01	只	52.65
		铁壳保温瓶	01	只	29.25
		爱德牌 500W 电饭煲	01	只	140.40
		男式羊毛内衣裤——大号	02	套	175.50
		——中号	02	套	163.80
		——小号	02	套	152.10
		女式羊毛内衣裤——大号	02	套	140.40
		——中号	02	套	128.70
		——小号	02	套	117.00
		不锈钢餐具	02	套	58.50
	文具用品类	永胜水笔	03	支	58.50
		TRULY 计算器	01	只	117.00
		好儿童书包	01	只	46.80
	家电类	双鹿无氟 180 升电冰箱	04	台	2 457.00
		飞利浦收录机（75W）	04	台	181.35
		太阳神牌 1000W 热油汀	04	台	292.44
		太阳神牌 2000W 热油汀	04	台	468.00
		水仙牌 8 立升热水器	04	台	936.00
	黄金饰品类	沪产 24K 项链	05	件	3 257.40
		沪产 24K 耳环	05	件	651.48

（续表）

经营单位	商品类别	商品名称及规格	计量单位编码	计量单位名称	售价(元)
信谊超市	食品类	康师傅方便面	06	包	1.70
		美厨方便面	06	包	1.40
		太仓肉松	06	包	18.00
		旺旺大礼包	06	包	28.00
		吗咪虾条	06	包	5.00
		雀巢营养奶粉	06	包	25.00
		果　珍	07	瓶	18.00
		王子饼干	06	包	4.90
		雅士利话梅	06	包	2.00
		m&m 巧克力	06	包	20.00
		香菇	08	袋	25.00
		桂圆	08	袋	45.00
	补品类	隆力奇纯蛇粉	09	盒	15.00
		中华多宝口服液	09	盒	13.50
		太太口服液	09	盒	34.50
		鹰牌洋参丸	09	盒	61.50
		神象牌西洋参片	09	盒	92.00
	冷冻食品类	大江鸡翅	08	袋	17.90
		大江牛肉汉堡	08	袋	9.00
		五香牛肉丝	08	袋	6.00
		龙凤水饺	08	袋	4.50
		北极虾	08	袋	16.00
		虾仁	08	袋	18.00
		目鱼大烤	08	袋	10.00
		鱼排	08	袋	6.00
		粟米粒	08	袋	8.00
		青豆	08	袋	3.00

五、2018 年 12 月份发生的经济业务

（共计 88 项）

(1) 1 日，向信恒保温瓶厂购入铝壳气压保温瓶 9 600 只，增值税专用发票列明价款 336 000 元和税额 53 760 元；铁壳保温瓶 3 600 只，增值税专用发票列明价款 72 000 元和税额 11 520 元。商品已由信谊百货商场验收，货款尚未支付。

要求：填制商品验收单。

(2) 1 日，向中国工商银行申请签发银行本票一张，金额为 10 000 元，交给采购员张立向海尔电器总汇采购冰柜。

要求：填制银行本票申请书。

(3) 2 日，向上海钢笔厂购入永胜水笔 2 000 支，增值税专用发票列明价款 80 000 元和税额12 800元。商品已由信谊百货商场验收，货款尚未支付。

要求：填制商品验收单。

(4) 2 日，收到宁波永兴百货公司交来代销清单，同时开具增值税专用发票（号码 03185059）。上月委托该公司代销的飞利浦收录机（75W）200 台全部售出。该收录机含税售价为 179.80 元/台，代销手续费（不含增值税）为不含税售价的 10%。

(5) 2 日，采购员张立用面额为 10 000 元的本票向海尔电器总汇购入冰箱 2 台，增值税专用发票列明价款 8 000 元和税额 1 280 元。冰箱已由信谊超市验收并用于职工福利。余额暂作“其他应收款”处理。

(6) 3 日，签发支票一张，向中国工商银行提取现金 2 000 元备用。

要求：签发中国工商银行支票（号码 BE548191）。

(7) 4 日，采购员张立交来海尔电器总汇签发支票一张，金额为 720 元，系结清用本票采购冰箱的余额。财务科当天存入中国工商银行。

要求：填制进账单。

(8) 4 日，收到中国工商银行的信汇凭证（收账通知联），应收宁波永兴百货公司本月 2 日代销款 32 674 元，已收妥。

(9) 5 日，由中国工商银行转来广东百货批发总公司托收承付凭证付款通知联，要求承付广东百货批发总公司爱德牌 500W 电饭煲 6 000 只及 3 000 套不锈钢餐具的货款共计 713 400 元，承付期为 10 天。

(10) 5 日，采购员张立赴南京出差，预支差旅费 450 元，出纳以现金付讫。

(11) 5 日，委托中国工商银行签发银行汇票一张，金额为 71 000 元，银行汇票及解讫通知交采购员张立赴南京针织五厂采购羊毛内衣。

要求：填制银行汇票委托书。

(12) 5 日,向上海医药批发公司及康达食品批发公司购入商品一批。当即开出工商银行支票付讫康达食品批发公司的货款,上海医药批发公司补品的货款暂欠,商品已由信谊超市验收。

类别	品　　名	单位	数量	进　　价		增值税额	零售价(含税)	
				单价	金额		单价	金额
补品	隆力奇纯蛇粉	盒	60	10.50	630.00	100.80	15.00	900.00
	中华多宝口服液	盒	80	9.40	752.00	120.32	13.50	1 080.00
	太太口服液	盒	100	23.60	2 360.00	377.60	34.50	3 450.00
	鹰牌洋参丸	盒	40	42.00	1 680.00	268.80	61.50	2 460.00
	神象牌西洋参片	盒	20	63.00	1 260.00	210.60	92.00	1 840.00
	小　　计				6 682.00	1 069.12		9 730.00
食品	康师傅方便面	包	400	1.15	460.00	73.60	1.70	680.00
	太仓肉松	包	80	12.30	984.00	157.44	18.00	1 440.00
	吗咪虾条	包	600	3.40	2 040.00	326.40	5.00	3 000.00
	王子饼干	包	160	3.35	536.00	85.76	4.90	784.00
	雀巢营养奶粉	包	60	17.10	1 026.00	164.16	25.00	1 500.00
	雅士利话梅	包	40	1.40	56.00	8.96	2.00	80.00
	小　　计				5 102.00	816.32		7 484.00
总　　计					11 784.00	1 885.44		17 214.00

要求:(1) 签发中国工商银行支票(号码 BE548192);

(2) 填制商品验收单。

(13) 5 日,收到各经营单位交来的"销售日报表""内部交款单"等凭证。本日商品销售收入如下:

部门及商品类别		销　售　收　入		
		收到现金	收到支票	合　　计
信谊百货商场	家　　电	20 767.50	7 722	28 489.50
信谊超市	食　　品	12 818.40		12 818.40
	补　　品	13 716.00		13 716.00
	冷冻食品	7 838.40		7 838.40
	小　　计	34 372.80		34 372.80
合　　计		55 140.30	7 722	62 862.30

收入现金和支票均于当天存入中国工商银行存款户。

要求：(1) 编制商品进销存日报表；

(2) 填制进账单和现金解款单。

(14) 8 日，采购员张立报销差旅费 536 元，出纳以现金补付预支款不足之差额。

(15) 8 日，采购员张立回公司交来南京针织五厂交来增值税专用发票一张，发票上列明价款 60 590 元和税额 9 694.40 元，用本月 5 日申请签发的银行汇票结算，实际结算额为 70 284.40元，商品已由信谊百货商场验收。

男式羊毛内衣——大号	50套	价款	6 750.00 元	税额	1 080.00元
——中号	200套	价款	21 000.00 元	税额	3 360.00元
——小号	40套	价款	4 080.00 元	税额	652.80元
			31 830.00 元		5 092.80元
女式羊毛内衣——大号	80套	价款	7 600.00 元	税额	1 216.00元
——中号	220套	价款	18 700.00 元	税额	2 992.00元
——小号	30套	价款	2 460.00 元	税额	393.60元
			28 760.00 元		4 601.60元

要求：填制商品验收单。

(16) 9 日，开给嘉定百货公司增值税专用发票(号码 03185060)，货已发出，当即收到对方签发并承兑的商业汇票一张，金额为 317 070 元。

铝壳气压保温瓶	5 000只	价款	225 000.00 元	税额	36 000.00 元
爱德牌 500W 电饭煲	300只	价款	36 000.00 元	税额	5 760.00 元
不锈钢餐具	200套	价款	10 000.00 元	税额	1 600.00 元
			271 000.00 元		43 360.00 元

(17) 9 日，与中国工商银行黄浦支行签订为期半年的短期借款合同，金额为 120 000 元。接到开户银行收账通知，借款已划转本公司账户。

(18) 10 日，签发中国工商银行支票一张，预付明年全年财产保险费 20 579.40 元。收到保险公司开出的保单与结算凭证。

要求：签发中国工商银行支票(号码 BE548193)。

(19) 10 日，收到中国工商银行收账通知，采购羊毛内衣的银行汇票结算多余款 715.60 元已划回收账。

(20) 10 日，以现金支付职工张发水生活困难补助费 400 元。

(21) 10 日，通过中国工商银行交纳上月应交未交所得税 14 142.84 元，增值税 22 015.20 元，城市维护建设税 1 541.06 元和教育费附加 660.46 元，代交上月已代扣的个人所得税 436.61 元。当即收到各有关税金及附加缴款书收据联。

(22) 10 日，签发商业承兑汇票一张，向上海家电批发公司购进商品一批，商品已由信谊百货商场验收。

类别	品　　名	单位	数量	进　价		增值税额	零售价(含税)	
				单价	金额		单价	金额
家电	双鹿无氟180升电冰箱	台	8	1 848.00	14 784.00	2 365.44	2 457.00	19 656.00
	飞利浦收录机(75W)	台	20	137.00	2 740.00	438.40	181.35	3 627.00
	太阳神牌2000W热油汀	台	20	344.00	6 880.00	1 100.80	468.00	9 360.00
	水仙牌8升热水器	台	10	680.00	6 800.00	1 088.00	936.00	9 360.00
	合　　计				31 204.00	4 992.64		42 003.00

要求：(1) 签发商业承兑汇票(到期日 2019 年 3 月 10 日)；

(2) 填制商品验收单。

(23) 10 日，收到各经营单位交来的“销售日报表”“内部交款单”等凭证。本日商品销售收入情况如下：

经营单位及商品类别		销　售　收　入		
		收到现金	收到支票	合　　计
信谊百货商场：家电		11 618.10	5 265	16 883.10
信谊超市	食　　品	11 170.00		11 170.00
	补　　品	6 982.00		6 982.00
	冷冻食品	6 643.00		6 643.00
	小　　计	24 795.00		24 795.00
合　　计		36 413.10	5 265	41 678.10

收入现金和支票均于当天存入中国工商银行存款户。

要求：(1) 编制商品进销存日报表；

(2) 填制进账单和现金解款单。

(24) 12 日，职工陈丽报销子女医药费 178.25 元，出纳以现金付讫。

(25) 13 日，开给昆山百货公司增值税专用发票(号码 03185061、03185062)，货已发出。

铝壳气压保温瓶	2 700 只	价款 121 500.00 元	税额 19 440.00 元
铁壳保温瓶	1 900 只	价款 47 500.00 元	税额 7 600.00 元
爱德牌 500W 电饭煲	250 只	价款 30 000.00 元	税额 4 800.00 元
男式羊毛内衣——大号	30 套	价款 4 500.00 元	税额 720.00 元
——中号	150 套	价款 21 000.00 元	税额 3 360.00 元
女式羊毛内衣——中号	170 套	价款 18 700.00 元	税额 2 992.00 元
		243 200.00 元	38 912.00 元

签发中国工商银行支票一张，支付上海大运运输公司运费 1 500 元及增值税额150元，共计 1 650 元。同时向中国工商银行办妥委托收取货款及运费的手续。

要求：(1) 签发中国工商银行支票(号码 BE548194)；

(2) 填制委托收款凭证。

(26) 15 日，开给立信股份有限公司增值税专用发票(号码 03185063)，货已发出，货款尚未收到。

永胜水笔	200 支	价款	10 000.00 元	税额	1 600.00 元

(27) 15 日，开给青浦文化用品商店增值税专用发票(号码 03185064)，货已发出，当即收到支票一张，存入中国工商银行。

永胜水笔	600 支	价款	30 000.00 元	税额	4 800.00 元
TRULY 计算器	100 只	价款	10 000.00 元	税额	1 600.00 元
好儿童书包	260 只	价款	10 400.00 元	税额	1 664.00 元
			50 400.00 元		8 064.00 元

要求：填制进账单。

(28) 15 日，收到兴安百货公司交来支票一张，金额为 2 224 元，其中 1 624 元系出租新塑料桶的租金，开具增值税专用发票(号码 03185065)，其中价款 1 400 元，增值税额 224 元；600 元系押金。财务科当即存入中国工商银行。

要求：(1) 填制进账单；

(2) 填制收据。

(29) 15 日，根据"工资结算汇总表"，签发支票一张，金额为 65 512.06 元，委托中国工商银行黄浦支行办理代发工资转存信用卡业务，发放工资及其他款项共计 65 488.48 元，并支付银行手续费 23.58 元。工资发放清单以软盘形式同时送交银行，并经银行审核。

要求：签发中国工商银行支票(号码 BE548195，收款人为本公司职工工资户)。

(30) 15 日，根据"工资结算汇总表"，结转本月代扣各种款项共计 12 585.45 元。

(31) 15 日，根据"社会保险费及住房公积金等计算表"，计提交付社会保险费及住房公积金等：

计提企业负担的养老保险费 14 597.11 元；

计提企业负担的住房公积金 4 644.54 元；

计提企业负担的失业保险费 1 327.01 元，并将其与从职工工资中代扣的失业保险费 663.51 元一并交付；

计提并交付工会经费 1 525.78 元；

计提教育经费 1 144.33 元。

要求：(1) 签发中国工商银行支票交付失业保险费(号码 BE548196，收款人为黄浦区待业保险基金专户)；

(2) 填制行政拨交工会经费缴款书，交付本月工会经费，信谊百货公司工会账号：274－96400351，开户行：中国工商银行黄浦支行；上级工会为上海市商业工会，账号：365－70309421，开户行：中国工商银行上海市分行营业部。

(32) 15 日，签发中国工商银行支票一张，根据"工资结算汇总表"，将代扣的职工工会会费 297.30 元划转本厂工会银行存款户。

要求：签发中国工商银行支票支付代扣工会会费(号码 BE548197，收款人为信谊百货公司工会)。

(33) 15 日，签发中国工商银行支票一张，金额为 5 708.43 元，向兴隆食品批发公司购入商品。

信谊超市验收时发现短缺桂圆一袋，原因待查。

类别	品　　名	单位	数量	进　　价		增值税额	零售价(含税)	
				单价	金额		单价	金额
食品	旺旺大礼包	包	60	19.15	1 149.00	183.84	28.00	1 680.00
	m&m 巧克力	包	50	13.70	685.00	109.60	20.00	1 000.00
	果珍	瓶	30	12.30	369.00	59.04	18.00	540.00
	香菇	袋	40	17.10	684.00	109.44	25.00	1 000.00
	桂圆	袋	30	30.80	924.00	147.84	45.00	1 350.00
	银耳	袋	20	6.15	123.00	19.68	9.00	180.00
	美厨方便面	包	300	0.96	288.00	46.08	1.40	420.00
	雅士利话梅	包	30	1.40	42.00	6.72	2.00	60.00
	太仓肉松	包	50	12.30	615.00	98.40	18.00	900.00
	合　　计				4 879.00	780.64		7 130.00

要求：(1) 签发中国工商银行支票(号码:BE548198)；

(2) 填制商品验收单。

(34) 15 日，签发中国工商银行支票一张，金额为 7 751.12 元，系支付前欠上海医药批发公司的货款。

要求：签发中国工商银行支票(号码 BE548199)。

(35) 15 日，收到各经营单位交来的“销售日报表”“内部交款单”等凭证。本日商品销售收入情况如下：

经营单位及商品类别		销　售　收　入		
		收到现金	收到支票	合　　计
信谊百货商场：	家电	3 896.10	—	3 896.10
信谊超市	食品	4 140.00	—	4 140.00
	补品	2 448.00	—	2 448.00
	冷冻食品	1 418.90	—	1 418.90
	小　　计	8 006.90	—	8 006.90
合　　计		11 903.00		11 903.00

收入现金当天存入中国工商银行存款户。

要求：(1) 编制商品进销存日报表；

(2) 填制现金解款单。

(36) 16日，签发中国工商银行支票一张，缴付养老保险费14 597.11元和职工工资中代扣的养老保险费5 308.04元，共计19 905.15元。

要求：签发中国工商银行支票(号码BE548200，收款人为黄浦区社会保险事业管理中心)。

(37) 16日，签发中国工商银行支票一张，缴付住房公积金9 289.08元，其中企业负担的部分为4 644.54元，企业从职工工资中代扣代缴的部分为4 644.54元。

要求：(1) 填制上海市公积金汇缴书，公积金账号286—00421309，上月汇缴金额也为9 289.08元；

(2) 签发中国工商银行支票(号码BE548201，收款人为黄浦区住房公积金管理中心)。

(38) 16日，签发中国工商银行支票一张，交付由企业负担的医疗保险费7 962.06元，工伤保险费331.75元，生育保险费331.75元和职工工资中代扣的医疗保险费1 327.01元。

要求：签发中国工商银行支票交付医疗等保险费(号码BE548202，收款人为黄浦区社会保险事业管理中心)。

(39) 16日，收到中国工商银行转来委托收款凭证收账通知联，托收的昆山百货公司货款及运费278 634.80元已收妥。羊毛内衣因质量有瑕疵，经双方协商，折让10%，同时取得昆山百货公司送交江苏省税务局开具的企业进货退出及索取折让证明单，同意折让货款为4 420元，税额为707.20元，开给昆山百货公司红字增值税专用发票(号码03185066)。

(40) 16日，收到春亚科技公司交来支票一张，金额为55 680元，系预付租用本公司柜台明年上半年租金，开具增值税专用发票(号码03185067)，其中价款48 000元，增值税税额7 680元，支票已送存中国工商银行。

要求：填制进账单。

(41) 16日，向广东百货批发总公司购入爱德牌500W电饭煲6 000只及3 000套不锈钢餐具的货款承付期满，通过银行付讫。增值税专用发票列明爱德500W电饭煲价款540 000元，不锈钢餐具价款75 000元，税额共计98 400元，商品已由信谊百货商场验收。

要求：填制商品验收单。

(42) 16日，职工姚可、陆敏、张云等三人报销子女12月份托费共计75元，出纳以现金付讫。

(43) 16日，收到中国工商银行转来电信公司专用托收凭证，付讫电话费1 178.93元，按规定换取的增值税专用发票列明市内电话费820.50元，长途电话费291.70元和税额66.73元。

(44) 17日，签发中国工商银行支票一张，金额为5 000元，赞助上海博洲集团公司筹办订货会。

要求：签发中国工商银行支票(号码BE548203)。

(45) 17日，收到中国工商银行转来自来水公司专用托收凭证，付讫水费248.75元，按规定换取的增值税专用发票列明价款241.50元和税额7.25元。

(46) 18日，开给上海金山日用品公司增值税专用发票(号码03185068)，货已发出，货款尚未收到。

铝壳气压保温瓶	900只	价款	40 500.00元	税额	6 480.00元
铁壳保温瓶	500只	价款	12 500.00元	税额	2 000.00元
			53 000.00元		8 480.00元

(47) 18日，收到中国工商银行转来供电局专用托收凭证，付讫电费3 596元，按规定换取

的增值税专用发票列明价款 3 100 元和税额 496 元。

(48) 20 日,向新东副食品批发公司购入冷冻食品一批,货款尚未支付。商品已由信谊超市验收。

类别	品名	单位	数量	进价		增值税额	零售价(含税)	
				单价	金额		单价	金额
冷冻食品	大江鸡翅	袋	60	12.30	738.00	118.08	17.90	1 074.00
	大江牛肉汉堡	袋	90	6.15	553.50	88.56	9.00	810.00
	五香牛肉丝	袋	80	4.10	328.00	52.48	6.00	480.00
	龙凤水饺	袋	100	3.08	308.00	49.28	4.50	450.00
	北极虾	袋	30	10.90	327.00	52.32	16.00	480.00
	虾仁	袋	40	12.30	492.00	78.72	18.00	720.00
	目鱼大烤	袋	65	6.80	442.00	70.72	10.00	650.00
	粟米粒	袋	40	5.45	218.00	34.88	8.00	320.00
	鱼排	袋	35	4.10	143.50	22.96	6.00	210.00
	青豆	袋	60	2.05	123.00	19.68	3.00	180.00
	合计				3 673.00	587.68		5 374.00

要求：填制商品验收单。

(49) 20 日,根据公司决定,从即日起对所有商品一律按原零售价的 90%实行优惠销售。收到各经营单位交来的“销售日报表”“内部交款单”等凭证。本日商品销售收入情况如下：

经营单位及商品类别		销售收入		
		收到现金	收到支票	合计
信谊百货商场：	家电	48 648.60	3 896.10	52 544.70
信谊超市	食品	27 429.50		27 429.50
	补品	18 572.40		18 572.40
	冷冻食品	22 320.40		22 320.40
	小计	68 322.30		68 322.30
合计		116 970.90	3 896.10	120 867.00

收入现金和支票均于当天存入中国工商银行存款户。

要求：(1) 填制进账单和现金解款单；

(2) 编制商品进销存日报表。

(50) 22 日，开给南通日用百货公司增值税专用发票(号码 03185069、03185070)，货已发出，并向中行上海分行办妥托收承付结算手续。

铝壳气压保温瓶	1 800 只	价款	81 000.00 元	税额	12 960.00 元
铁壳保温瓶	800 只	价款	20 000.00 元	税额	3 200.00 元
爱德牌 500W 电饭煲	200 只	价款	24 000.00 元	税额	3 840.00 元
女式羊毛内衣——大号	40 套	价款	4 800.00 元	税额	768.00 元
——中号	70 套	价款	7 700.00 元	税额	1 232.00 元
——小号	20 套	价款	2 000.00 元	税额	320.00 元
			139 500.00 元		22 320.00 元

要求：填制托收承付凭证。

(51) 24 日，收到中国工商银行及中国银行的付款通知，结算本季度短期借款利息 21 088.50 元(其中中国工商银行为 16 870.80 元，中国银行为 4 217.70 元)，从本公司账户中划转，上 2 个月已预提利息 14 764 元(其中中国工商银行为 11 811.20 元，中国银行为 2 952.80 元)。

(52) 24 日，填制还款凭证，归还短期借款 76 000 元，该借款本年度 9 月 24 日向中国银行借入，今日到期。利息已于同日结清。

要求：填制贷款还款凭证(放款户账号 310—0676832504)。

(53) 24 日，收到中国工商银行及中国银行结算存款利息通知，第四季度利息收入共为 15 622.42元。其中中国工商银行为 12 557.75 元，中国银行为 3 064.67 元。

(54) 25 日，年末财产清查，发现信谊百货商场短缺空调一台，其账面原价 6 200 元，已提折旧 1 984 元，系保管不善被盗。

要求：填制固定资产盘盈盘亏报告单。

(55) 25 日，向中国工商银行申请签发银行本票一张，金额为 34 800 元，交给兴隆食品批发公司采购食品一批。商品已于当天运达，由信谊超市验收。

类别	品　名	单位	数量	进价		增值税额	零售价(含税)	
				单价	金额		单价	金额
食品	太仓肉松	包	200	12.30	2 460.00	393.60	18.00	3 600.00
	旺旺大礼包	包	500	19.10	9 550.00	1 528.00	28.00	14 000.00
	吗咪虾条	包	1 600	3.40	5 440.00	870.40	5.00	8 000.00
	王子饼干	包	300	3.30	990.00	158.40	4.90	1 470.00
	雀巢营养奶粉	包	200	17.00	3 400.00	544.00	25.00	5 000.00
	m&m 巧克力	包	600	13.60	8 160.00	1 305.60	20.00	12 000.00
	合　计				30 000.00	4 800.00		44 070.00

要求：(1) 填制银行本票申请书；

(2) 填制商品验收单。

(56) 25 日，现查明 15 日向兴隆食品批发公司购入食品验收时发现短缺一袋桂圆系对方少发货，今由对方补来并由信谊超市验收。

要求：填制商品验收单。

(57) 25 日，收到各经营单位交来的“销售日报表”“内部交款单”等凭证。本日商品销售收入情况如下：

经营单位及商品类别		销售收入		
		收到现金	收到支票	合计
信谊百货商场：	家电	4 364.10	2 457	6 821.10
信谊超市	食品	11 745.60		11 745.60
	补品	8 645.00		8 645.00
	冷冻食品	5 825.60		5 825.60
	小计	26 216.20		26 216.20
合计		30 580.30	2 457	33 037.30

收入现金和支票均于当天存入中国工商银行存款户。

要求：(1) 填制进账单和现金解款单；

(2) 编制商品进销存日报表。

(58) 26 日，开给金山文化用品公司增值税专用发票(号码 03185071)，货已发出，当即收到支票一张，该支票准备背书转让。

永胜水笔　280 支　价款　14 000 元　税额　2 240 元

(59) 26 日，兴安百货公司租用的塑料桶 200 只租期已满，对方退回，当即签发中国工商银行支票一张，退还押金 600 元。

要求：签发中国工商银行支票(号码 BE548204)。

(60) 27 日，收到中国银行转来托收承付凭证收账通知联及拒付理由书，托收的南通日用百货公司货款已收妥 145 000 元，拒付 16 820 元。拒付理由为男式羊毛内衣错发成女式羊毛内衣(合同约定为男式羊毛内衣)，经双方协商同意退货，女式羊毛内衣已退回并由信谊百货商场验收。同时取得南通日用百货公司交来江苏省税务局开具的企业进货退出及索取折让证明单。开给南通日用百货公司红字增值税专用发票(号码 03185072)。

(61) 27 日，开给无锡百货公司增值税发票(号码 03185074)，货已发出，当即收到银行汇票和解讫通知，结算货款 20 648 元。

男式羊毛内衣——中号　80 套　价款　11 200.00 元　增值税额　1 792.00 元

女式羊毛内衣——中号　60 套　价款　6 600.00 元　增值税额　1 056.00 元

17 800.00 元　2 848.00 元

要求：填制进账单，将银行汇票存入中国工商银行。

(62) 28 日，青山饭店开来发票一张，要求结算本月本公司招待客户就餐费 2 836.60 元，款项当即开出中国工商银行支票支付。

要求：签发中国工商银行支票(号码 BE548205)。

(63) 29 日，摊销信谊百货商场房屋装修费 543 元。

要求：填制长期待摊费用摊销表。

(64) 29 日，摊销土地使用权的价值 786 元。

要求：填制无形资产摊销表。

(65) 30 日，摊销以前预付本月负担的财产保险费 1 405.56 元。

要求：填制预付费用摊销表。

(66) 30 日，经分管副经理审核批准，对盘亏空调的净值作转销处理。

(67) 31 日，向上海神力医药品公司购入补品一批，商品已由信谊超市验收，款项当即签发中国工商银行支票支付。

类别	品　　名	计量单位	数量	进　　价		增值税额	零售价(含税)	
				单价	金额		单价	金额
补品	隆力奇纯蛇粉	盒	40	10.25	410.00	65.60	15.00	600.00
	中华多宝口服液	盒	50	9.20	460.00	73.60	13.50	675.00
	太太口服液	盒	80	23.60	1 888.00	302.08	34.50	2 760.00
	鹰牌洋参丸	盒	30	42.00	1 260.00	201.60	61.50	1 845.00
	神象牌西洋参片	盒	20	62.90	1 258.00	201.28	92.00	1 840.00
	合　　计				5 276.00	844.16		7 720.00

要求：(1) 签发中国工商银行支票(号码:BE548206)；

(2) 填制商品验收单。

(68) 31 日，收到各经营单位交来的“销售日报表”“内部交款单”以及“商品盘点溢缺报告单”等凭证，本日商品销售收入如下：

经营单位及商品类别		销　售　收　入		
		收到现金	收到支票	合　　计
信谊百货商场	家电	39 963.90	4 420.00	44 383.90
	黄金饰品	9 296.15		9 296.15
	小　　计	49 260.05	4 420.00	53 680.05
信谊超市	食品	33 778.24	4 000.00	37 778.24
	补品	20 987.93		20 987.93
	冷冻食品	25 185.56		25 185.56
	小　　计	79 951.73	4 000.00	83 951.73
合　　计		129 211.78	8 420.00	137 631.78

收入现金和支票均于当天存入中国工商银行存款户。短缺的 160 元商品，原因待查。

要求：(1) 填制进账单和现金解款单；

(2) 编制商品进销存日报表。

(69) 31 日，根据“工资结算汇总表”，进行应付工资的分配。

要求：填制应付工资分配计算表。

(70) 31 日，根据“保险费计算表”，计提企业负担的医疗保险费、工伤保险费和生育保险费。

(71) 31 日，根据总务科提供的“固定资产折旧计算汇总表”，计提本月折旧。

(72) 31 日，经分管副经理审核批准，对报废货架作账务处理。

(73) 31 日，计算并结转本月应交房产税、城镇土地使用税。

本月应计房产税：

房产账面原值×(1－扣除率 20%)×年税率 1.2%÷12

房产账面原值为 4 480 000 元

本月应计城镇土地使用税：

年税额 5 元/平方米×1 050 平方米÷12

要求：填制应交房产税、城镇土地使用税计算表。

(74) 31 日，根据包装物出库单，结转本月出租包装物的成本。

(75) 31 日，将预收春亚科技公司本月柜台租金 7 000 元转为本月租金收入。

要求：填制预收收入调整表。

(76) 31 日，结转委托代销飞利浦(75W)收录机 200 台的销售成本。该商品的实际单位成本为 128 元/台。

要求：填制委托代销商品销售成本计算表。

(77) 31 日，根据商品进销存月报，将含税商品销售收入进行价税分离，计算并结转本月零售商品应交增值税。

要求：填制含税销售收入价税分离计算表。

(78) 31 日，根据本月商品验收单、发货单和退货单汇总本月批发商品收、发、存情况。分类结转批发业务验收商品的采购成本和商品销售成本。商品销售成本的计算采用全月一次加权平均法计算。

要求：填制库存商品收、发、存月报表。

(79) 31 日，根据商品进销存月报，分类结转零售业务验收商品的采购成本和已销商品的销售成本。

要求：填制库存商品进销存月报表。

(80) 31 日，分类计算并结转已销商品应分摊的商品进销差价，同时调整短缺商品应分摊的商品进销差价。

要求：(1) 填制已销商品进销差价计算表；

(2) 填制短缺商品进销差价分摊表。

(81) 31 日，现查明，短缺的食品属于责任事故，购进时抵扣的增值税额为 20.40 元，经分管副经理批准由当事人赔偿 40 元，其余作为经营损失核销。

(82) 31 日，根据年末应收账款、其他应收款账龄，按估计坏账率调整坏账准备余额。

(83) 31 日，根据年末检查存货的可变现净值与成本的结果，发现部分存货的可变现净值低于成本，调整存货跌价准备余额。

(84) 31 日，按 5%的税率计算并结转本月销售黄金饰品应交消费税，并分别按应交消费税的 7%计征城市维护建设税，3%计征教育费附加。

要求：填制消费税纳税申报表(纳税人登记号：310105207113040；企业代码：410112431)。

(85) 31日，按税法规定计算本月应交所得税，该公司所得税税率为25%。该公司本年度发生的工资薪金支出超过计税标准4 298.81元。1～11月累计营业收入为12 926 344.65元，1～11月累计业务招待费为61 958.40元。1月22日，收到中外合资祥安百货公司分派的税后利润19 000元。按税法计提的坏账准备金额及存货跌价准备金额不得在税前扣除。1月25日，收到通顺实业公司分派的税后利润25 000元。其他纳税调整事项在12月份发生。

要求：(1) 填制企业所得税纳税申报表(年初未交所得税额25 000元；1～11月累计已交所得税额231 316.24元)；

(2) 填制递延所得税资产计算表。

(86) 31日，将损益类各账户的余额转入“本年利润”账户。

(87) 31日，分别按全年税后利润的10%提取盈余公积，并根据董事会决议按出资比例向投资方分配股利200 000元，尚未发放。

(88) 31日，将“本年利润”账户和“利润分配”各明细账户的余额，转入“利润分配——未分配利润”账户。

六、记录及证明经济业务发生的原始凭证

（按经济业务顺序排列）

原始凭证包括增值税专用发票、代销商品结算清单、固定资产验收交接单、销售日报表、内部缴款单、商品溢缺报告单、发货单、退货单、银行转账结算凭证、财产保险单及保费结算凭证、税金缴款书、财产物资盘盈盘亏报告单、固定资产折旧计算汇总表、工资结算汇总表、银行计收（付）利息清单等外来或自制原始凭证。*

经济业务(1)

上海增值税专用发票

3100189028　　　　　　　　发票联　　　　　　　　No. 02085702

（全国统一发票监制章　国家税务总局监制）

开票日期：2018 年 12 月 1 日

购货单位	名　　称：信谊百货公司 纳税人识别号：310105207113040 地 址、电 话：上海花园路 1307 号；021－62510039 开户行及账号：工行黄浦支行 216－03193201	密码区	1453(　)8÷×0 ＋1011＊342－2 ×864＋5(　)25	版本：01 3100119028 02085702

货物或应税劳务名称	规格型号	单位	数量	单价	金额	税率	税额
铝壳气压保温瓶		只	9 600	35.00	¥336 000.00	16%	¥53 760.00
铁壳保温瓶		只	3 600	20.00	¥72 000.00	16%	¥11 520.00
合　计					¥408 000.00		¥65 280.00
价税合计(大写)	肆拾柒万叁仟贰佰捌拾元整				（小写）¥473 280.00		

销货单位	名　　称：信恒保温瓶厂 纳税人识别号：310225511415054 地 址、电 话：上海余兴路 677 号；021－62567890 开户行及账号：工行静安支行 267－03012345	备注	

收款人：　　　　复核：梅亚荣　　　　开票人：刘丽萍　　　　销货单位：（章）信恒保温瓶厂 发票专用章

国税函[2018]1285 号上海印钞厂

第三联：发票联　购买方记账凭证

* 在实际业务中，会计人员在审核原始凭证时须注意：各种发票联是否已加盖当地税务局监制的"全国统一发票监制章"；各种收费收据（包括委托银行收款凭证）是否已加盖当地财政局监制的"收费收据监制章"；各种税收缴款书是否已加盖国家税务总局监制的"税收专用章"。以上印章在本模拟实习中从略。

经济业务(2)

中国工商银行

本　票　1

ⅢX 012696

第　　号

签发日期(大写)贰零壹捌年壹拾贰月零壹日

收款人:海尔电器总汇		
凭票即付 人民币(大写)壹万元整		
转√账	现　金	科目(付) 对方科目(收) 兑付日期　年　月　日 出纳　复核　经办
中国工商银行上海市分行 黄浦支行业务章 2018.12.1 签发银行盖章		

此联签发行结清本票时作付出传票

经济业务(3)

上海增值税专用发票

3100189028　　No. 01146477

全国统一发票监制章 发票联 国家税务总局监制

开票日期:2018年12月2日

购货单位	名　　称:信谊百货公司 纳税人识别号:310105207113040 地 址、电 话:上海花园路1307号;021-62510039 开户行及账号:工行黄浦支行216-03193201				密码区	1536(　)6÷×1 +1322*534-1 ×765+3(　)43	版本:01 3100119028 01146472
货物或应税劳务名称	规格型号	单位	数量	单价	金额	税率	税额
永胜水笔		支	2 000	40	¥80 000.00	16%	¥12 800.00
合　计					¥80 000.00		¥12 800.00
价税合计(大写)	玖万贰仟捌佰元整				(小写)¥92 800.00		
销货单位	名　　称:上海钢笔厂 纳税人识别号:321004571180090 地 址、电 话:上海愚园路1270号;021-63570023 开户行及账号:工行长宁支行255-117823400				备注		

收款人:　　复核:王云佳　　开票人:贾丽丽　　销货单位:(章) 上海钢笔厂 发票专用章

国税函[2018]1285号上海印钞厂

第三联:发票联 购买方记账凭证

经济业务(4)

代销商品结算清单

委托单位:信谊百货公司　　2018年12月2日

品　名	单位	数量	单价	金　额	手续费(10%)	增值税额	应付委托单位金额
飞利浦收录机(75W)	台	200	155.00	31 000.00	3 100.00	4 960.00	32 674.00
合　计		200		31 000.00	3 100.00	4 960.00	32 674.00

受托单位 宁波永兴百货公司 财务专用章　　会计:周莉莉　　制单:陆一飞

3100189028

上海增值税专用发票

No. 03185059

此联不作报销、扣税凭证使用

全国统一发票监制章 上海 国家税务总局监制

开票日期：2018年12月2日

国税函〔2018〕1285号上海印钞厂

购货单位	名　　称：宁波永兴百货公司 纳税人识别号：1230072368115 地 址、电 话：宁波嘉州路470号74768321 开户行及账号：建行二营507-00012543				密码区	1267(　)5÷×2 +1786*425-1 ×654+4(　)13	版本：01 3100119028 03185059
货物或应税劳务名称	规格型号	单位	数量	单价	金额	税率	税额
飞利浦收录机	75W	台	200	155.00	¥31 000.00	16%	¥4 960.00
合　计					¥31 000.00		¥4 960.00
价税合计(大写)	叁万伍仟玖佰陆拾元整				(小写)¥35 960.00		
销货单位	名　　称：信谊百货公司 纳税人识别号：310105207113040 地 址、电 话：上海花园路1307号;021-62510039 开户行及账号：工行黄浦支行216-03193201				备注		

第一联：记账联　销售方记账凭证

收款人：　　复核：赵　君　　开票人：陈哲仁　　销货单位：(章)　信谊百货公司 发票专用章

经济业务(4)

3100189028

上海增值税专用发票

No. 02917814

发票联

全国统一发票监制章 上海 国家税务总局监制

开票日期：2018年12月2日

国税函〔2018〕1285号上海印钞厂

购货单位	名　　称：信谊百货公司 纳税人识别号：310105207113040 地 址、电 话：上海花园路1307号;021-62510039 开户行及账号：工行黄浦支行216-03193201				密码区	1725(　)4÷×10 +1991*281-1 ×231+3(　)14	版本：01 3100119028 02907804
货物或应税劳务名称	规格型号	单位	数量	单价	金额	税率	税额
代销手续费					¥3 100.00	6%	¥186.00
合　计					¥3 100.00		¥186.00
价税合计(大写)	叁仟贰佰捌拾陆元整				(小写)¥3 286.00		
销货单位	名　　称：宁波永兴百货公司 纳税人识别号：1230072368115 地 址、电 话：宁波嘉州路470号;74768321 开户行及账号：建行二营507-00012543				备注		

第三联：发票联　购买方记账凭证

收款人：赵佳君　　复核：沈文红　　开票人：夏　洁　　销货单位：(章)　海尔电器总汇 发票专用章

经济业务(5)

上海增值税专用发票

3100189028 　　　　　　发票联 　　　　　　No. 02907804

全国统一发票监制章 上海 国家税务总局监制

开票日期：2018年12月2日

购货单位	名　　称：信谊百货公司 纳税人识别号：310105207113040 地 址、电 话：上海花园路1307号；021-62510039 开户行及账号：工行黄浦支行216-03193201			密码区	1725(　)4÷×0 +1991*281-1 ×231+3(　)14		版本：01 3100119028 02907804
货物或应税劳务名称	规格型号	单位	数量	单价	金额	税率	税额
海尔冰箱	BCD-550WE	台	2	4 000.00	¥8 000.00	16%	¥1 280.00
合　计					¥8 000.00		¥1 280.00
价税合计(大写)	玖仟贰佰捌拾元整				(小写)¥9 280.00		
销货单位	名　　称：海尔电器总汇 纳税人识别号：397654010344709 地 址、电 话：上海华山路4578号；021-54872378 开户行及账号：工行徐汇支行漕分处298-04311203			备注			

收款人：赵佳君　　复核：沈文红　　开票人：夏　洁　　销货单位：(章) 海尔电器总汇 发票专用章

国税函[2018]1285号上海印钞厂

第三联：发票联　购买方记账凭证

固定资产验收交接单

保管使用单位：信谊超市

2018年12月2月

固定资产名称	型号规格	计量单位	数　量	金　额	供应单位
冰　箱	大	台	2	9 280.00	海尔电器总汇
订购日期	2018年12月1日	到达日期	2018年12月2日	可使用年限	5年
固定资产管理部门意见	同意接收，交信谊超市使用。12月2日				
财会部门参加验收意见	同意接收。施汉奇 2018年12月2日			使用单位验收签证：黄荣	

总务科主管：黄沁　　经办人：张立

经济业务(7)

中国工商银行上海市分行支票

支票号码：AB384017

出票日期：贰零壹捌年壹拾贰月零肆日　　开户行名称：工行徐汇支行漕分处

收款人：信谊百货公司　　出票人账号：298-04311203

人民币(大写)	千	百	十	万	千	百	十	元	角	分
柒佰贰拾元整					¥	7	2	0	0	0

用途付清本票结算余额

上列款项请从

我账户内支付

出票人签章

海尔电器总汇专用章　　华童学印

复核

记账

验印

经济业务(8)

中国工商银行信汇凭证(收账通知或取款收据) 4 No. 60182433

委托日期 2018 年 12 月 4 日

汇款人	全 称	浙江宁波永兴百货公司			收款人	全 称	信谊百货公司		
	账 号或住址	507-00012543				账 号或住址	216-03193201		
	汇 出地 点	浙江省宁波市县	汇出行名 称	建行二营		汇 入地 点	省上海市县	汇入行名 称	工行黄浦支行
金额	人民币(大写):叁万贰仟陆佰柒拾肆元整						千百十万千百十元角分		¥3267400
汇款用途:货款							留行待取预留收款人印鉴		

上列款项已代进账,如有错误,请持此联来行面洽。

中国工商银行上海市分行黄浦支行业务章 2018.12.4 汇入行盖章

20 年 月 日

上列款项已照收无误

收款人盖章

20 年 月 日

科目(借)…………

对方科目(贷)…………

汇入行解汇日期20 年 月 日

复核 记账 出纳

此联给收款人的收账通知或代取款收据

经济业务(9)

(邮) 中国工商银行托收承付凭证(承付支款 通知) 5

第 号

托收号码:

委托日期:2018 年 12 月 4 日

承付期限
到期 2018 年 12 月 5 日

付款人	全 称	信谊百货公司	收款人	全 称	广东百货批发总公司	
	账号或地址	上海花园路1307号216-03193201		账 号	378100210	
	开户银行	工行黄浦支行		开户银行	中国银行广东分行	行号
托收金额	人民币(大写):柒拾壹万叁仟肆佰元整				千百十万千百十元角分	¥71340000

附 件		商品发运情况	合同名称号码
附寄单证张数或册数	1		发票#0072341

备 注:

付款人注意:
1. 根据结算办法规定,上列托收款项,在承付期限内未拒付时,即视同全部承付,如系全额支付即以此联代支款通知;如遇延付或部分支付时,再由银行另送延付或部分支付的支款通知。
2. 如需提前承付或多承付时,应另写书面通知送银行办理。
3. 如系全部或部分拒付,应在承付期限内另填拒绝承付理由书送银行办理。

单位主管 会计 复核 记账 付款人开户银行盖章 月 日

中国工商银行上海市分行黄浦支行业务章 2018.12.4

此联是付款人开户银行通知付款人按期承付货款的承付(支款)通知

4403181570

广东增值税专用发票

全国统一发票监制章 国家税务总局监制 发票联

No. 00072341

开票日期：2018年12月3日

购货单位	名　　称：信谊百货公司 纳税人识别号：310105207113040 地 址、电 话：上海花园路1307号；021－62510039 开户行及账号：工行黄浦支行216－03193201	密码区	3124(　)8÷×0　　版本：01 ＋2124＊655－3　　378511157 ×921＋5(　)12　　00072341

货物或应税劳务名称	规格型号	单位	数量	单价	金额	税率	税额
爱德牌电饭煲	500W	只	6 000	90.00	¥540 000.00	16%	¥86 400.00
不锈钢餐具		套	3 000	25.00	¥75 000.00	16%	¥12 000.00
合　计					¥615 000.00		¥98 400.00
价税合计(大写)	柒拾壹万叁仟肆佰元整				(小写)¥713 400.00		

销货单位	名　　称：广东百货批发总公司 纳税人识别号：440360076162781 地 址、电 话：广东省中山路788号 开户行及账号：中国银行广东支行378100210	备注	

收款人：　　复核：张　振　　开票人：施蓓蕾　　销货单位：(章) 广东百货批发总公司 发票专用章

第三联：发票联　购买方记账凭证

国税函〔2018〕1285号上海印钞厂

经济业务(10)

信谊百货公司暂支单

2018年12月5日　　　　编号 0166

受 款 人	张立		
暂支事由	预支赴南京采购差旅费		
暂支金额	人民币肆佰伍拾元整　　¥450.00		
预计归还日期	2018年12月8日	科目	其他应收款

财会主管　　记账　　出纳 施 红　　部门主管 沈 军　　制单 张 立　　受款人签收 张 立

方泰126－72

经济业务(11)

付款期限 壹个月

中国工商银行
银行汇票 2

ⅢⅪ10228358
第 号

出票日期(大写) 贰零壹捌年壹拾贰月零伍日

代理付款行:工商银行上海分行 行号:

收款人:南京针织五厂 账号:3600579123

出票金额 人民币(大写) 柒万壹仟元整

实际结算金额 人民币(大写)	千	百	十	万	千	百	十	元	角	分

申请人:信谊百货公司 账号或住址:216-03193201

出票行:中国工商银行上海分行黄浦支行

备 注:货款

凭票付款 工商银行上海市分行黄浦支行 业务章 2018.12.5

出票行签章

多余金额									
千	百	十	万	千	百	十	元	角	分

科目(借)

对方科目(贷)

兑付日期: 年 月 日

复核 记账

此联代理付款行付款后作联行往账借方凭证附件

中国工商银行
银行汇票(解讫通知) 3

ⅢⅪ10228358
第 号

出票日期(大写) 贰零壹捌年壹拾贰月零伍日

代理付款行:工商银行上海分行 行号:

收款人:南京针织五厂 账号:3600579123

出票金额 人民币(大写) 柒万壹仟元整

实际结算金额 人民币(大写)	千	百	十	万	千	百	十	元	角	分

申请人:信谊百货公司 账号或住址:216-03193201

出票行:中国工商银行上海分行黄浦支行

备 注:货款

代理付款行盖章 工商银行上海市分行黄浦支行 业务章 2018.12.5

复核 经办

多余金额									
千	百	十	万	千	百	十	元	角	分

科目(贷)

对方科目(借)

转账日期 年 月 日

复核 记账

此联代理付款行兑付后随报单寄出票行,由出票行作多余款贷方凭证

经济业务(12)

上海增值税专用发票

3100189028　　发票联　全国统一发票监制章 国家税务总局监制　　No. 02435120

开票日期：2018年12月5日

购货单位	名　　称：信谊百货公司 纳税人识别号：310105207113040 地 址、电 话：上海花园路1307号;021-62510039 开户行及账号：工行黄浦支行216-03193201			密码区	1712(　)3÷×1 41888*221-1 ×245(　)63	版本：01 3100119028 02435120	
货物或应税劳务名称	规格型号	单位	数量	单价	金额	税率	税额
隆力奇纯蛇粉		盒	60	10.50	¥630.00	16%	¥100.80
中华多宝口服液		盒	80	9.40	¥752.00	16%	¥120.32
太太口服液		盒	100	23.60	¥2 360.00	16%	¥377.60
合　计					¥3 742.00		¥598.72
价税合计(大写)	肆仟叁佰肆拾元柒角贰分				(小写)¥4 340.72		
销货单位	名　　称：上海医药批发公司 纳税人识别号：310007485178945 地 址、电 话：南京西路1590号;021-62471853 开户行及账号：工行静安支行318-45831264			备注			

国税函[2018]1285号上海印钞厂

第三联：发票联　购买方记账凭证

收款人：张　颖　　复核：包盈盈　　开票人：白丽莉　　销货单位：(章)　上海医药批发公司 发票专用章

上海增值税专用发票

3100189028　　发票联　全国统一发票监制章 国家税务总局监制　　No. 02435121

开票日期：2018年12月5日

购货单位	名　　称：信谊百货公司 纳税人识别号：310105207113040 地 址、电 话：上海花园路1307号;021-62510039 开户行及账号：工行黄浦支行216-03193201			密码区	1364(　)3÷×2 +1551*212-1 ×441+2(　)31	版本：01 3100119028 02435121	
货物或应税劳务名称	规格型号	单位	数量	单价	金额	税率	税额
鹰牌洋参丸	10克	盒	40	42.00	¥1 680.00	16%	¥268.80
神象牌西洋参片	10克	盒	20	63.00	¥1 260.00	16%	¥201.60
合　计					¥2 940.00		¥470.40
价税合计(大写)	叁仟肆佰壹拾元肆角整				(小写)¥3 410.40		
销货单位	名　　称：上海医药批发公司 纳税人识别号：310007485178945 地 址、电 话：南京西路1590号;021-62471853 开户行及账号：工行静安支行318-45831264			备注			

国税函[2018]1285号上海印钞厂

第三联：发票联　购买方记账凭证

收款人：张　颖　　复核：包盈盈　　开票人：白丽莉　　销货单位：(章)　上海医药批发公司 发票专用章

3100189028

上海增值税专用发票

全国统一发票监制章 上海 发票联 国家税务总局监制

No. 03412026

开票日期：2018年12月5日

购货单位	名　　称：信谊百货公司 纳税人识别号：310105207113040 地址、电话：上海花园路1307号；021－62510039 开户行及账号：工行黄浦支行216－03193201	密码区	1346(　)1÷×2　　版本：01 ＋1532＊112－1　　3100119028 ×771＋2(　)13　　03412026

货物或应税劳务名称	规格型号	单位	数量	单价	金额	税率	税额
康师傅方便面	80克	包	400	1.15	¥460.00	16%	¥73.60
太仓肉松	180克	包	80	12.30	¥984.00	16%	¥157.44
吗咪虾条	60克	包	600	3.40	¥2 040.00	16%	¥326.40
合　计					¥3 484.00		¥557.44
价税合计(大写)	肆仟零肆拾壹元肆角肆分				(小写)¥4 041.44		

销货单位	名　　称：康达食品批发公司 纳税人识别号：310002543862138 地址、电话：上海长顺路625号；021－64832546 开户行及账号：工行徐汇支行814－32675832	备注	

收款人：张　颖　　复核：荣洁洁　　开票人：鲍贤龙　　销货单位：(章) 康达食品批发公司 发票专用章

国税函[2018]1285号上海印钞厂

第三联：发票联　购买方记账凭证

3100189028

上海增值税专用发票

全国统一发票监制章 上海 发票联 国家税务总局监制

No. 03412027

开票日期：2018年12月5日

购货单位	名　　称：信谊百货公司 纳税人识别号：310105207113040 地址、电话：上海花园路1307号；021－62510039 开户行及账号：工行黄浦支行216－03193201	密码区	1611(　)3÷×3　　版本：01 ＋1811＊214－1　　3100119028 ×224＋4(　)75　　03412027

货物或应税劳务名称	规格型号	单位	数量	单价	金额	税率	税额
王子饼干	100克	包	160	3.35	¥536.00	16%	¥85.76
雀巢营养奶粉	400克	包	60	17.10	¥1 026.00	16%	¥164.16
雅士利话梅	小	包	40	1.40	¥56.00	16%	¥8.96
合　计					¥1 618.00		¥258.88
价税合计(大写)	壹仟捌佰柒拾陆元捌角捌分				(小写)¥1 876.88		

销货单位	名　　称：康达食品批发公司 纳税人识别号：310002543862138 地址、电话：上海长顺路625号；021－64832546 开户行及账号：工行徐汇支行814－32675832	备注	

收款人：　　复核：荣洁洁　　开票人：鲍贤龙　　销货单位：(章) 康达食品批发公司 发票专用章

国税函[2018]1285号上海印钞厂

第三联：发票联　购买方记账凭证

上海市增值税专用发票销货清单

增值税发票号码：02435120、02435121

上海市税务局统一印刷不得翻印(青)

商品或劳务名称	计量单位	数　量	单　价	销售额
隆力奇纯蛇粉	盒	60	10.50	630.00
中华多宝口服液	盒	80	9.40	752.00
太太口服液	盒	100	23.60	2 360.00
鹰牌洋参丸	盒	40	42.00	1 680.00
神象牌西洋参片	盒	20	63.00	1 260.00
共　计	×	×	×	6 682.00

销售单位(盖章) 上海医药批发公司 财务专用章　　造单　徐　菁　　复核　孙海茜　　2018年12月5日

注：1. 本清单一式四份，一份自留作记账凭证，两份交购货单位，并附发票联和抵扣联，一份存根联。
　　2. 本清单不准作报销和抵扣税款用。

上海市增值税专用发票销货清单

增值税发票号码：03412026、03412027

上海市税务局统一印刷不得翻印(青)

商品或劳务名称	计量单位	数　量	单　价	销售额
康师傅方便面	包	400	1.15	460.00
太仓肉松	包	80	12.30	984.00
吗咪虾条	包	600	3.40	2 040.00
王子饼干	包	160	3.35	536.00
雀巢营养奶粉	包	60	17.10	1 026.00
雅士利话梅	包	40	1.40	56.00
共　计	×	×	×	5 102.00

销售单位(盖章) 康达食品批发公司 财务专用章　　造单　周明明　　复核　马莲莲　　2018年12月5日

注：1. 本清单一式四份，一份自留作记账凭证，两份交购货单位，并附发票联和抵扣联，一份存根联。
　　2. 本清单不准作报销和抵扣税款用。

经济业务(13)

商品销售日报表

经营单位：信谊百货商场　　　　2018年12月5日

商品类别	品名或规格	计量单位	数　量	单　价	金　额	备　注
家电	双鹿无氟180升电冰箱	台	4	2 457.00	9 828.00	
	飞利浦收录机(75W)	台	10	181.35	1 813.50	
	太阳神牌2000W热油汀	台	20	468.00	9 360.00	
	水仙牌8升热水器	台	8	936.00	7 488.00	
合　计					28 489.50	

复核：沈仪君　　　　制表：黄　军

商品销售日报表

经营单位：信谊超市　　　　2018年12月5日

商品类别	金额	备注
食品类	12 818.40	
补品类	13 716.00	
冷冻食品类	7 838.40	
合计	34 372.80	

复核：李　倩　　　　制表：黄　霞

内部交款单

交款单位：信谊超市　　　　2018年12月5日

交款项目	交款金额分析	金额
销货款	现金	34 372.80
合计	人民币(大写)：叁万肆仟叁佰柒拾贰元捌角整	34 372.80

复核：施　红　　　　制单：黄　霞

内部交款单

交款单位：信谊百货商场　　　　2018年12月5日

交款项目	交款金额分析	金额
销货款	现金	20 767.50
销货款	支票1张	7 722.00
合计	人民币(大写)：贰万捌仟肆佰捌拾玖元伍角整	28 489.50

复核：施　红　　　　制单：黄　军

现金交款单

2018年12月5日

交款单位：信谊百货商场			交款金额人民币(大写)：贰万零仟柒佰陆拾柒元伍角整		
票面值	张数	金额	票面值	张数	金额
壹佰元	147	14 700.00	壹元	67	67.00
伍拾元	70	3 500.00	伍角	1	0.50
壹拾元	200	2 000.00	贰角		
伍　元	80	400.00	壹角		
贰　元	50	100.00	分币		

收款人：施　红　　　　交款人：黄　军

现 金 交 款 单

2018年12月5日

交款单位：信谊超市			交款金额人民币(大写)：叁万肆仟叁佰柒拾贰元捌角整		
票面值	张　数	金　额	票面值	张　数	金　额
壹佰元	340	34 000.00	壹元	6	6.00
伍拾元	6	300.00	伍角	4	2.00
壹拾元	5	50.00	贰角	5	1.00
伍　元	2	10.00	壹角	10	1.00
贰　元	1	2.00	分币	9	0.80

收款人：施　红　　　　交款人：黄　霞

中国工商银行上海市分行支票

支票号码：BE123895

出票日期：贰零壹捌年壹拾贰月零伍日　　开户行名称：工行卢湾支行淮分处

收款人：信谊百货公司　　出票人账号：237－56400093

人民币(大写)	千	百	十	万	千	百	十	元	角	分
柒仟柒佰贰拾贰元整				¥	7	7	2	2	0	0

用途 货款

上列款项请从

我账户内支付

出票人签章

上海伟力有限公司财务专用章

李启明印

复核

记账

验印

信谊百货公司
外埠出差报销单

2018年12月8日

出差人姓名	张 立	工作单位	信谊百货商场	预借金额	450
出差事由	购买商品	出差日期	12月5日至12月7日	返回金额	
出差地点	南京	出差天数	3天	应补金额	86

起程					到达					车船费		在途伙食津贴		通宵乘车补贴			住勤伙食补贴			住宿费	市内交通费	其他费用	
月	日	时	分	地点	月	日	时	分	地点	交通工具	金额	人/天	金额	票价	%	补贴	人/天	每天标准补助	金额			项目	金额
12	5	17	45	上海	12	5	20		南京	汽车	150.00						1/3	15.00	45.00	180.00	11.00		
12	7	8	26	南京	12	7	10	33	上海	汽车	150.00												
合计金额	(小写)人民币536.00元 各项费用小计									300.00							45.00			180.00	11.00		
	(大写)人民币伍佰叁拾陆元整																						

现金付讫

审核 洪 兵 出纳 施 红 单位主管 沈 军 报销人 张 立

经济业务(15)

江苏增值税专用发票

3200188034　　　　发票联　　　　No. 07533003

全国统一发票监制章 国家税务总局监制

开票日期：2018年12月8日

购货单位	名称：信谊百货公司 纳税人识别号：310105207113040 地址、电话：上海花园路1307号;021-62510039 开户行及账号：工行黄浦支行216-03193201	密码区	1311( )4÷×0 +1336*289-1 ×478+2( )39	版本：01 3100118034 07533003

货物或应税劳务名称	规格型号	单位	数量	单价	金额	税率	税额
男式羊毛内衣(大号)	L	套	50	135.00	¥6 750.00	16%	¥1 080.00
男式羊毛内衣(中号)	M	套	200	105.00	¥21 000.00	16%	¥3 360.00
男式羊毛内衣(小号)	S	套	40	102.00	¥4 080.00	16%	¥652.80
合计					¥31 830.00		¥5 092.80
价税合计(大写)	叁万陆仟玖佰贰拾贰元捌角整				(小写)¥36 922.80		

销货单位	名称：南京针织五厂 纳税人识别号：700812943100782 地址、电话：江苏南京市平安路538号;27866223 开户行及账号：工行南京支行3600579123	备注	

收款人：袁国征　　复核：张颖仪　　开票人：郑先贤　　销货单位：(章) 南京针织五厂 发票专用章

国税函[2018]1285号上海印钞厂

第三联：发票联 购买方记账凭证

江苏增值税专用发票

3200188034　　　　发票联　　　　No. 07533004

全国统一发票监制章 国家税务总局监制

开票日期：2018年12月8日

购货单位	名称：信谊百货公司 纳税人识别号：310105207113040 地址、电话：上海花园路1307号;021-62510039 开户行及账号：工行黄浦支行216-03193201	密码区	1477( )8÷×0 +2112*741-1 ×921+5( )33	版本：01 3200118034 07533004

货物或应税劳务名称	规格型号	单位	数量	单价	金额	税率	税额
女式羊毛内衣(大号)	L	套	80	95.00	¥7 600.00	16%	¥1 216.00
女式羊毛内衣(中号)	M	套	220	85.00	¥18 700.00	16%	¥2 992.00
女式羊毛内衣(小号)	S	套	30	82.00	¥2 460.00	16%	¥393.60
合计					¥28 760.00		¥4 601.60
价税合计(大写)	叁万叁仟叁佰陆拾壹元陆角整				(小写)¥33 361.60		

销货单位	名称：南京针织五厂 纳税人识别号：700812943100782 地址、电话：江苏南京市平安路538号;27866223 开户行及账号：工行南京支行3600579123	备注	

收款人：袁国征　　复核：张颖仪　　开票人：郑先贤　　销货单位：(章) 南京针织五厂 发票专用章

国税函[2018]1285号上海印钞厂

第三联：发票联 购买方记账凭证

经济业务(16)

上海增值税专用发票

3100189028　　　　No. 03185060

此联不作报销、扣税凭证使用

国家税务总局监制 全国统一发票监制章

开票日期：2018年12月9日

购货单位	名　　称：嘉定百货公司 纳税人识别号：123070861154223 地 址、电 话：嘉州路907号；021-59334278 开户行及账号：建行嘉定支行507-00010123				密码区	1477(　)4÷×2 +1336*287-3 ×822+4(　)81	版本：01 3100119028 03185060
货物或应税劳务名称	规格型号	单位	数量	单价	金额	税率	税额
铝壳气压保温瓶		只	5 000	45.00	¥225 000.00	16%	¥36 000.00
爱德牌电饭煲	500W	只	300	120.00	¥36 000.00	16%	¥5 760.00
不锈钢餐具		套	200	50.00	¥10 000.00	16%	¥1 600.00
合　计					¥271 000.00		¥43 360.00
价税合计(大写)	叁拾壹万肆仟叁佰陆拾元整				(小写)¥314 360.00		
销货单位	名　　称：信谊百货公司 纳税人识别号：310105207113040 地 址、电 话：上海花园路1307号；62510039 开户行及账号：工行黄浦支行216-03193201				备注		

收款人：　　复核：赵　君　　开票人：陈哲仁　　销货单位：(章) 信谊百货公司发票专用章

国税函〔2018〕1285号上海印钞厂

第一联：记账联　销售方记账凭证

商业承兑汇票　2　ⅧⅡ3422016

出票日期　2018年12月9日　　　　第　　号

付款人	全　称	上海嘉定百货公司	收款人	全　称	信谊百货公司	
	账　号	507-00010123		账　号	216-03193201	
	开户银行	建设银行嘉定支行　行号		开户银行	工行黄浦支行　行号	
汇票金额	人民币(大写) 叁拾壹万肆仟叁佰陆拾元整				千 百 十 万 千 百 十 元 角 分	¥ 3 1 4 3 6 0 0 0
汇票到期日	贰零壹玖年零贰月零玖日			交易合同号码		

本汇票已经本单位承兑，到期日无条件支付票款。

此致

收款人　　印 陈茜

付款人盖章　上海嘉定百货公司财务专用章

负责　　经办　　2018年12月9日

上海嘉定百货公司财务专用章　　印 陈茜

汇票出票人盖章

负责　　经办

此联收款人开户行随结算凭证寄付款人开户行作借方凭证附件

经济业务(17)

(　　　贷款)借款凭证(回　单) ③

单位编号:B136　　　日期:2018年12月9日　　　银行编号:0119

借款人	名　称	信谊百货公司	收款人	名　称	信谊百货公司
	放款户账号	216-03193201		往来户账号	216-03193201
	开户银行	工行黄浦支行		开户银行	工行黄浦支行
借款期限(最后还款日)		2019年6月9日	借款计划指标		
借款申请金额		人民币(大写):壹拾贰万元整			千百十万千百十元角分 ¥12000000
借款原因及用途		经营周转用	银行核定金额		千百十万千百十元角分 ¥12000000

期限	计划还款日期	✓	计划还款金额	分次还款记录	期次	还款日期	还款金额	结　欠
1	2019年6月9日		120 000.00					
2								
3								
4								

备　注:

上述借款业已同意贷给并转入你单位往来户账,借款到期时应按期归还。

此致

借款单位 中国工商银行上海市分行黄浦支行业务章 2018.12.9

(银行盖章)2018年12月9日

此联系核定放款回单代借款单位往来户收款通知

经济业务(18)

ORIGINAL　　**永安保险股份有限公司**　　No. 0022799

YONGAN INSURANCE COMPANY LIMITED OF CHINA

保费收据 PREMIUM RECEIPT

2018年12月10日

兹收到
Received from 信谊百货公司

保费金额(大写)
The sum of 贰万零伍佰柒拾玖元肆角整

系付保险单第
Being Premium on the policy No. MV0054676　号批单第
End. No.　　号之保费

最后付款日期
Last date of Payment

业务员尤　佳　复核汤　华　制单袁振芬

永安保险股份有限公司 保费专用章

(无现金收讫章或银行付款凭据无效)　　收款签章处

第一联:客户作付款凭证

永安保险股份有限公司

YONGAN INSURANCE COMPANY LIMITED OF CHINA

财 产 保 险 单

PROPERTY INSURANCE POLICY

中国上海延安西路 2099 号
金桥大厦十楼
电话:021-62192331
传真:021-62193831
保单号:ZV0041396

本公司根据被保险人的要求及其所交付约定的保险费,按本保单所载条款和附加条款以及所列项目,承保财产保险。特立本保险单。

被保险人	信谊百货公司
保险财产地址	上海市花园路 1307 号
保险期限	自2019年01月01日中午12时正起至 2020 年1月01日中午 12 时正止共 12 月
保险及保险金额 固定资产原值	RMB 5 562 000.00
总保险金额	人民币伍佰伍拾陆万贰仟零佰零拾零元零角零分 RMB 5 562 000.00
保险费	人民币贰万零仟伍佰柒拾玖元肆角零分 RMB 20 579.40 年费率:按约定 3.7‰
免赔额	
备注	

永安保险股份有限公司
代理业务专用章

永安保险股份有限公司
YONGAN INSURANCE COMPANY
LIMITED OF CHINA

日期 2018 年 12 月 10 日

签单公司地址及电话 上海市延安西路 2099 号金桥大厦十楼 Tel:021-62192331

尤佳

经济业务(19)

中国工商银行

银行汇票(多余款收账通知) 4

ⅢⅪ10228358
第 号

出票日期(大写) 贰零壹捌年壹拾贰月零伍日

代理付款行:工商银行上海分行 行号:

收款人:南京针织五厂 账号:3600579123

出票金额 人民币(大写) 柒万壹仟元整

实际结算金额 人民币(大写)	千	百	十	万	千	百	十	元	角	分
柒万零贰佰捌拾肆元肆角整			¥	7	0	2	8	4	4	0

申请人:信谊百货公司 账号或住址:216-03193201

出票行:中国工商银行上海市分行黄浦支行

备 注:货款

代理付款行盖章 工商银行上海市分行黄浦支行 业务章 2018.12.10

复核 经办

多余金额	千	百	十	万	千	百	十	元	角	分
					¥	7	1	5	6	0

科目(贷)
对方科目(借)
转账日期 年 月 日
复核 记账

此联代理行结清后交汇款人

经济业务(20)

信谊百货公司职工生活困难补助申请单

编号 109

<table>
<tr><td>部门</td><td>信谊百货商场</td><td>姓名</td><td>张发水</td><td>本人工资收入</td><td>735.00</td><td>家庭其他人员收入</td><td colspan="2">381.00</td></tr>
<tr><td rowspan="2">补助原因</td><td colspan="5" rowspan="2">妻子病后休养在家,收入减少,而医药费、营养费等支出增加,造成家庭生活一时困难。
现金付讫</td><td colspan="2">补助性质</td><td>定期　临时补助✓</td></tr>
<tr><td colspan="2">申请金额</td><td>人民币肆佰元整</td></tr>
<tr><td>部门意见</td><td colspan="2">建议临时补助肆佰元整。
沈　军
2018年12月10日</td><td>厂工会意见</td><td colspan="2">同意。
韩　群
2018年12月10日</td><td>代收据</td><td colspan="2">今　收　到
困难补助费
人民币肆佰元整
领款人(签字)张发水
2018年12月10日</td></tr>
</table>

经济业务(21)

中华人民共和国
所 得 税 缴 款 书

(区级)　沪税电字:4896278

税票号:0500083948　所属时期:2018.11.01~2018.11.30　级次　企业编码:410112431

<table>
<tr><td>纳税单位(人)</td><td colspan="4">信谊百货公司</td><td>主管部门</td><td colspan="2"></td></tr>
<tr><td>地　址</td><td colspan="4">上海花园路1307号</td><td>经济类型</td><td colspan="2">有限责任公司(国内合资)</td></tr>
<tr><td>开户银行</td><td>工行黄浦支行</td><td>账号</td><td colspan="2">216-03193201</td><td></td><td colspan="2"></td></tr>
<tr><td colspan="2">行业及品目名称</td><td>课税数量</td><td colspan="2">计税金额或销售额</td><td>税率(%)单位税额</td><td>已缴或扣除额</td><td>实缴税额(基金)</td></tr>
<tr><td colspan="2">经营所得及其他所得</td><td></td><td colspan="2">56 571.36</td><td>25</td><td></td><td>14 142.84</td></tr>
<tr><td>合计金额人民币(大写)</td><td colspan="6">壹万肆仟壹佰肆拾贰元捌角肆分</td><td></td></tr>
<tr><td colspan="7">逾期　天,每天按税款　千分之二　加收滞纳金</td><td></td></tr>
<tr><td>总计金额人民币(大写)</td><td colspan="6">壹万肆仟壹佰肆拾贰元捌角肆分</td><td>14 142.84</td></tr>
<tr><td colspan="8">完税证(发货票)　　份,起讫号码:</td></tr>
<tr><td>收 入 机 关</td><td rowspan="3">所
税种标识</td><td colspan="2" rowspan="3">缴款单位如以此联代传票,分录如下</td><td colspan="4">收　款　银　行</td></tr>
<tr><td>第二税务分局一所
01
经办人:朱漪
专:平佳</td><td colspan="4">中国工商银行上海市分行黄浦支行业务章 2018.12.9
20　年　月　日</td></tr>
<tr><td>填票日期:2018.12.9</td><td colspan="4">缴款限期:2018.12.10</td></tr>
</table>

第五联 收据联(国库或经收处收款盖章后退纳税人)

中华人民共和国 增值税缴款书

区级　　沪税电字：4896279

税票号：0500083949　所属时期：2018.11.01～2018.11.30　级次　企业编码：410112431

纳税单位(人)	信谊百货公司			主管部门	
地　址	上海花园路1307号			经济类型	有限责任公司(国内合资)
开户银行	工行黄浦支行	账号	216-03193201		
行业及品目名称	课税数量	计税金额或销售额	税率(%)单位税额	已缴或扣除额	实缴税额(基金)
销售商品		237 426.00	16	15 972.96	22 015.20
合计金额人民币(大写)	贰万贰仟零壹拾伍元贰角整				22 015.20
逾期　天,每天按税款　千分之二　加收滞纳金					
总计金额人民币(大写)	贰万贰仟零壹拾伍元贰角整				22 015.20
完税证(发货票)　　份,起讫号码:					
收入机关	增 税种标识	缴款单位如以此联代传票,分录如下	收款银行		
第二税务分局一所 01 经办人:朱漪 专:平佳			中国工商银行上海市分行 黄浦支行业务章 2018.12.9 20　年　月　日		
填票日期:2018.12.9			缴款限期:2018.12.10		

第五联　收据联(国库或经收处收款盖章后退纳税人)

中华人民共和国 城市维护建设税缴款书

区级　　沪税电字：4896280

税票号：0500083950　所属时期：2018.11.01～2018.11.30　级次　企业编码：410112431

纳税单位(人)	信谊百货公司			主管部门	
地　址	上海花园路1307号			经济类型	有限责任公司(国内合资)
开户银行	工行黄浦支行	账号	216-03193201		
行业及品目名称	课税数量	计税金额或销售额	税率(%)单位税额	已缴或扣除额	实缴税额(基金)
城市维护建设税 教育费附加		22 015.20 22 015.20	7 3		1 541.06 660.46
合计金额人民币(大写)	贰仟贰佰零拾壹元伍角贰分				2 201.52
逾期　天,每天按税款　千分之二　加收滞纳金					
总计金额人民币(大写)	贰仟贰佰零拾壹元伍角贰分				2 201.52
完税证(发货票)　　份,起讫号码:					
收入机关	城 税种标识	缴款单位如以此联代传票,分录如下	收款银行		
第二税务分局一所 01 经办人:朱漪 专:平佳			中国工商银行上海市分行 黄浦支行业务章 2018.12.9 20　年　月　日		
填票日期:2018.12.9			缴款限期:2018.12.10		

第五联　收据联(国库或经收处收款盖章后退纳税人)

中华人民共和国
个人所得税缴款书

(区级) 沪税电字:4896281

税票号:0500083951　所属时期:2018.11.01～2018.11.30　级次　企业编码:410112431

纳税单位(人)	信谊百货公司			主管部门		
地　　址	上海花园路1307号			经济类型	有限责任公司(国内合资)	
开户银行	工行黄浦支行	账号	216－03193201			
行业及品目名称	课税数量	计税金额或销售额		税率(%)单位税额	已缴或扣除额	实缴税额(基金)
工资薪金所得		6 785.60 973.30		5 10		339.28 97.33
合计金额人民币(大写)	肆佰叁拾陆元陆角壹分					436.61
逾期　天,每天按税款　千分之二　加收滞纳金						
总计金额人民币(大写)	肆佰叁拾陆元陆角壹分					436.61
完税证(发货票)　份,起讫号码:						
收入机关	税种标识	缴款单位如以此联代传票,分录如下		收款银行		
第二税务分局一所 01 经办人:朱漪 专:平佳	个			中国工商银行上海市分行黄浦支行业务章 2018.12.9 20　年　月　日		
填票日期:2018.12.9				缴款限期:2018.12.10		

第五联 收据联(国库或经收处收款盖章后退纳税人)

经济业务(22)

上海增值税专用发票

3100189028　　No. 01073285

(全国统一发票监制章 发票联 国家税务总局监制)

开票日期:2018年12月10日

购货单位	名　　称:信谊百货公司 纳税人识别号:310105207113040 地 址、电 话:上海花园路1307号;021－62510039 开户行及账号:工行黄浦支行216－03193201	密码区	1129(　)5÷×2　版本:01 ＋1664＊229－3　3100119028 ×555＋4(　)72　01073285

货物或应税劳务名称	规格型号	单位	数量	单价	金额	税率	税额
双鹿无氟电冰箱	180升	台	8	1 848	¥14 784.00	16%	¥2 365.44
飞利浦收录机	75W	台	20	137	¥2 740.00	16%	¥438.40
太阳神牌热油汀	2 000W	台	20	344	¥6 880.00	16%	¥1 100.80
水仙牌热水器	8升	台	10	680	¥6 800.00	16%	¥1 088.00
合　计					¥31 204.00		¥4 992.64
价税合计(大写)	叁万陆仟壹佰玖拾陆元陆角肆分				(小写)¥36 196.64		

销货单位	名　　称:上海家电批发公司 纳税人识别号:310008542178325 地 址、电 话:上海赤峰路710号;021－32428503 开户行及账号:工行虹口支行412－23478546	备注	

收款人:　复核:方志军　开票人:陈美兰　销货单位:(章) 上海家电批发公司 发票专用章

国税函[2018]1285号上海印钞厂

第三联:发票联 购买方记账凭证

上海市增值税专用发票销货清单

增值税发票号码：01073285

上海市税务局统一印刷不得翻印(青)

商品或劳务名称	计量单位	数　量	单　价	销售额
双鹿无氟180升电冰箱	台	8	1 848.00	14 784.00
飞利浦收录机(75W)	台	20	137.00	2 740.00
太阳神牌2000W热油汀	台	20	344.00	6 880.00
水仙牌8升热水器	台	10	680.00	6 800.00
共　计	×	×	×	31 204.00

销售单位(盖章) 上海家电批发公司 财务专用章　　造单　鲁晓敏　　复核　胡庆鸿　　2018年12月10日

注：1. 本清单一式四份，一份自留作记账凭证，两份交购货单位，附予发票联和抵扣联，一份存根联。
2. 本清单不准作报销和抵扣税款用。

经济业务(23)

商品销售日报表

经营单位：信谊超市　　2018年12月10日

商品类别	金　额	备　注
食　品	11 170.00	
补　品	6 982.00	
冷冻食品	6 643.00	
合　计	24 795.00	

复核：李　倩　　制表：黄　霞

商品销售日报表

经营单位：信谊百货商场　　2018年12月10日

商品类别	品名或规格	计量单位	数　量	单　价	金　额	备　注
家电	双鹿无氟180升电冰箱	台	3	2 457.00	7 371.00	
	飞利浦收录机(75W)	台	6	181.35	1 088.10	
	太阳神牌2000W热油汀	台	8	468.00	3 744.00	
	水仙牌8升热水器	台	5	936.00	4 680.00	
	合　计				16 883.10	

复核：沈仪君　　制表：黄　军

现 金 交 款 单

2018年12月10日

交款单位：信谊超市			交款金额人民币(大写)：贰万肆仟柒佰玖拾伍元整		
票面值	张 数	金 额	票面值	张 数	金 额
壹佰元	200	20 000.00	壹元	3	3.00
伍拾元	80	4 000.00	伍角	2	1.00
壹拾元	70	700.00	贰角	4	0.80
伍 元	16	80.00	壹角	1	0.10
贰 元	5	10.00	分币	2	0.10

收款人：施 红　　　　交款人：黄 霞

现 金 交 款 单

2018年12月10日

交款单位：信谊百货商场			交款金额人民币(大写)：壹万壹仟陆佰壹拾捌元壹角整		
票面值	张 数	金 额	票面值	张 数	金 额
壹佰元	80	8 000.00	壹元	2	2.00
伍拾元	30	1 500.00	伍角	11	5.50
壹拾元	160	1 600.00	贰角	1	0.20
伍 元	100	500.00	壹角	2	0.20
贰 元	5	10.00	分币	7	0.20

收款人：施 红　　　　交款人：黄 军

中国工商银行上海市分行支票

支票号码：BE237654

出票日期：贰零壹捌年壹拾贰月壹拾日　　　　开户行名称：工行徐汇支行高分处

收款人：信谊百货公司　　　　出票人账号：235－34800064

人民币(大写)	千	百	十	万	千	百	十	元	角	分
伍仟贰佰陆拾伍元整				¥	5	2	6	5	0	0

用途 货款

上列款项请从

我账户内支付

出票人签章

上海美达有限公司财务专用章

张天华印

复核

记账

验印

内 部 交 款 单

交款单位：信谊超市　　　　2018年12月10日

交款项目	交 款 金 额 分 析	金　额
销货款	现金	24 795.00
合　计	人民币(大写)：贰万肆仟柒佰玖拾伍元整	24 795.00

复核：施　红　　　　制单：黄　霞

内 部 交 款 单

交款单位：信谊百货商场　　　　2018年12月10日

交款项目	交 款 金 额 分 析	金　额
销货款	现金	11 618.10
销货款	支票1张	5 265.00
合　计	人民币(大写)：壹万陆仟捌佰捌拾叁元壹角整	16 883.10

复核：施　红　　　　制单：黄　军

经济业务(24)

装订角后
勿贴附件

信谊百货公司
医 药 费 报 销 单

在职		退休		家属	√

2018年12月12日　　　　附单据　2　张

职工姓名	陈　丽	家属姓名	张　旻	与本人关系	母女

本人医药费	全部金额 千	百	十	元	角	分	报销金额 千	百	十	元	角	分
诊 疗 费												
针 药 费												
合　计												

家属医药费	全部金额 千	百	十	元	角	分	报销金额 千	百	十	元	角	分
诊 疗 费				5	0	0				2	5	0
针 药 费		3	5	1	5	0		1	7	5	7	5
合　计	¥	3	5	6	5	0	¥	1	7	8	2	5

现金付讫

本人和家属共计报销人民币(大写) 零仟壹佰柒拾捌元贰角伍分　¥178.25

审核人：沈　军　　　　报销人：陈　丽　　　　领款人：陈　丽

上海市徐汇区长桥医院
门诊医药费专用收据

发票代码：317100298211
发票号码：5471239
地址：龙川北路9号
电话：64101919

上海市徐汇区长桥医院
门诊诊疗费收据
沪收费许可证
Q10－46042号
伍　　元

第一联(收据)
市收费许可证：Q10－46042　　96K　　040218

姓　名	张旻　　报销收据	
项　目 金　额	西药 225.50　治疗 126.00	
合　计	351.50	(大写)叁佰伍拾壹元伍角整

收款员 24　　日期 2018年12月10日　时间9时06分

日期 2018年12月10日

注意：此收据盖章有效，遗失不补。　上海市徐汇区长桥医院收费专用章

经济业务(25)

上海增值税专用发票

3100189028　　　　No. 03185061

此联不作报销、扣税凭证使用

(全国统一发票监制章 国家税务总局监制)

开票日期：2018年12月13日

购货单位	名　　称：昆山百货公司 纳税人识别号：278090733128050 地 址、电 话：八一路250号;24670086 开户行及账号：建行昆山支行2897025	密码区	1122(　)7÷×0　版本：01 ＋1556＊299－1　3100119028 ×464＋3(　)77　03185061

货物或应税劳务名称	规格型号	单位	数量	单价	金额	税率	税额
铝壳气压保温瓶		只	2 700	45.00	¥121 500.00	16%	¥19 440.00
铁壳保温瓶		只	1 900	25.00	¥47 500.00	16%	¥7 600.00
爱德牌电饭煲	500W	只	250	120.00	¥30 000.00	16%	¥4 800.00
合　计					¥199 000.00		¥31 840.00
价税合计(大写)	贰拾叁万零捌佰肆拾元整				(小写)¥230 840.00		

销货单位	名　　称：信谊百货公司 纳税人识别号：310105207113040 地 址、电 话：上海花园路1307号;021－62510039 开户行及账号：工行黄浦支行216－03193201	备注	

收款人：张婷婷　　复核：赵　君　　开票人：陈哲仁　　销货单位：(章)　信谊百货公司发票专用章

国税函[2018]1285号上海印钞厂

第一联：记账联　销售方记账凭证

上海增值税专用发票

3100189028 No. 03185062

此联不作报销、扣税凭证使用

全国统一发票监制章 上海 国家税务总局监制

开票日期：2018 年 12 月 13 日

购货单位	名　　称：昆山百货公司 纳税人识别号：278090733128050 地 址、电 话：八一路 250 号;24670086 开户行及账号：建行昆山支行 2897025	密码区	1442(　)5÷×0 +1574*233−1 ×477+2(　)91	版本：01 3100119028 03185062

货物或应税劳务名称	规格型号	单位	数量	单价	金额	税率	税额
男式羊毛内衣(大号)	L	套	30	150.00	¥4 500.00	16%	¥720.00
男式羊毛内衣(中号)	M	套	150	140.00	¥21 000.00	16%	¥3 360.00
女式羊毛内衣(中号)	M	套	170	110.00	¥18 700.00	16%	¥2 992.00
合　计					¥44 200.00		¥7 072.00
价税合计(大写)	伍万壹仟贰佰柒拾贰元整				(小写)¥51 272.00		

销货单位	名　　称：信谊百货公司 纳税人识别号：310105207113040 地 址、电 话：上海花园路 1307 号;021－62510039 开户行及账号：工行黄浦支行 216－03193201	备注	

收款人：张婷婷　复核：赵　君　开票人：陈哲仁　销货单位：(章) 信谊百货公司 发票专用章

国税函[2018]1285 号上海印钞厂

第一联：记账联　销售方记账凭证

上海增值税专用发票

3100189028 No. 03186234

发票联

全国统一发票监制章 上海 国家税务总局监制

开票日期：2018 年 12 月 13 日

购货单位	名　　称：昆山百货公司 纳税人识别号：278090733128050 地 址、电 话：八一路 250 号;24670086 开户行及账号：建行昆山支行 2897025	密码区	1122(　)7÷×0 +1556*299−1 ×464+3(　)77	版本：01 3100119028 03185061

货物或应税劳务名称	规格型号	单位	数量	单价	金额	税率	税额
运费					¥1 500.00	10%	¥150.00
合　计					¥1 500.00		¥150.00
价税合计(大写)	壹仟陆佰伍拾元整				(小写)¥1 650.00		

销货单位	名　　称：上海大运运输公司 纳税人识别号：310105207443848 地 址、电 话：龙华西路 6340 号;021－64093959 开户行及账号：工行徐汇支行 298－04311203	备注	

收款人：张亚婷　复核：童伟力　开票人：周正理　销货单位：(章) 上海大运运输公司 发票专用章

国税函[2018]1285 号上海印钞厂

第三联：发票联　购买方记账凭证

经济业务(26)

上海增值税专用发票

3100189028　　　　No. 03185063

此联不作报销、扣税凭证使用

全国统一发票监制章 国家税务总局监制

开票日期：2018年12月15日

购货单位	名　　称：立信股份有限公司 纳税人识别号：310104520881172 地 址、电 话：零陵路583号13、14层；021-43966000 开户行及账号：交行徐汇支行066179-00149052250	密码区	1184(　)2÷×0　　版本：01 +1565*331-0　　3100119028 ×594+4(　)21　　0385063

货物或应税劳务名称	规格型号	单位	数量	单价	金额	税率	税额
永胜水笔		支	200	50.00	¥10 000.00	16%	¥1 600.00
合　计					¥10 000.00		¥1 600.00
价税合计(大写)	壹万壹仟陆佰元整				(小写)¥11 600.00		

销货单位	名　　称：信谊百货公司 纳税人识别号：310105207113040 地 址、电 话：上海花园路1307号；021-62510039 开户行及账号：工行黄浦支行216-03193201	备注	

收款人：　　复核：赵　君　　开票人：陈哲仁　　销货单位：(章) 信谊百货公司 发票专用章

国税函[2018]1285号上海印钞厂

第一联：记账联　销售方记账凭证

经济业务(27)

上海增值税专用发票

3100189028　　　　No. 03185064

此联不作报销、扣税凭证使用

全国统一发票监制章 国家税务总局监制

开票日期：2018年12月15日

购货单位	名　　称：青浦文化用品商店 纳税人识别号：311780002315143 地 址、电 话：青浦张家湾路1120号021-59766233 开户行及账号：工行青浦支行三分处201-378810	密码区	1725(　)5÷×0　　版本：01 +1313*221-1　　3100119028 ×646+2(　)75　　03185064

货物或应税劳务名称	规格型号	单位	数量	单价	金额	税率	税额
永胜水笔		支	600	50.00	¥30 000.00	16%	¥4 800.00
TRULY计算器	836-12	只	100	100.00	¥10 000.00	16%	¥1 600.00
好儿童书包		只	260	40.00	¥10 400.00	16%	¥1 664.00
合　计					¥50 400.00		¥8 064.00
价税合计(大写)	伍万捌仟肆佰陆拾肆元整				(小写)¥58 464.00		

销货单位	名　　称：信谊百货公司 纳税人识别号：310105207113040 地 址、电 话：上海花园路1307号；021-62510039 开户行及账号：工行黄浦支行216-03193201	备注	

收款人：张婷婷　　复核：赵　君　　开票人：陈哲仁　　销货单位：(章) 信谊百货公司 发票专用章

国税函[2018]1285号上海印钞厂

第一联：记账联　销售方记账凭证

经济业务(28)

中国工商银行上海市分行支票

支票号码:

出票日期:贰零壹捌年壹拾贰月零壹日　　开户行名称:工行长宁支行

收款人:信谊百货公司　　出票人账号:285-76320014

人民币(大写)	千	百	十	万	千	百	十	元	角	分
贰仟贰佰贰拾肆元整				¥	2	2	2	4	0	0

用途包装物租金、押金

上列款项请从

我账户内支付

出票人签章

兴安百货公司财务专用章　　曹文华印

复核

记账

验印

上海增值税专用发票

3100189028　　No. 03185065

此联不作报销、扣税凭证使用

全国统一发票监制章 国家税务总局监制

开票日期:2018年12月15日

购货单位	名　　称:兴安百货公司 纳税人识别号: 地 址、电 话:长宁路1500号;021-642105 开户行及账号:工行长宁支行;285-76320014				密码区	1437(　)5÷×2 +1786*423-1 ×651+4(　)14	版本:01 3100119028 06185057
货物或应税劳务名称	规格型号	单位	数量	单价	金额	税率	税额
租金					¥1 400.00	16%	¥224.00
合　计					¥1 400.00		¥224.00
价税合计(大写)	壹仟陆佰贰拾肆元整				(小写)¥1 624.00		
销货单位	名　　称:信谊百货公司 纳税人识别号:310105207113040 地 址、电 话:上海花园路1307号;021-62510039 开户行及账号:工行黄浦支行216-03193201				备注		

收款人:　　复核:赵　君　　开票人:陈哲仁　　销货单位:(章) 信谊百货公司发票专用章

国税函[2018]1285号上海印钞厂

第一联:记账联　销售方记账凭证

经济业务(29)

工资结算汇总表

2018年12月

部门	基本工资	岗位工资	工龄工资	副食品补贴	应扣病假工资	书报费	房贴	应付工资
信谊百货商场经营人员	15 875.00	9 728.60	375.00	2 600.00	642.30	780.00	111.77	28 828.07
信谊超市经营人员	17 417.00	11 225.30	196.00	3 000.00	130.70	900.00	99.09	32 706.69
行政管理部门管理人员	8 580.00	4 680.00	278.00	900.00	8.00	270.00	54.17	14 754.17
合计	41 872.00	25 633.90	849.00	6 500.00	781.00	1 950.00	265.03	76 288.93

部门	补贴款项			代扣款项							实发金额
	独生子女补贴	车贴	合计	养老费保险金	失业保险费	医疗保险费	住房公积金	工会会费	个人所得税	合计	
信谊百货商场经营人员	72.50	650.00	722.50	2 123.20	265.40	530.80	1 857.81	120.55	103.75	5 001.51	24 549.06
信谊超市经营人员	75.00	750.00	825.00	2 654.04	331.76	663.51	2 322.27	123.10	154.37	6 249.05	27 282.64
行政管理部门管理人员	12.50	225.00	237.50	530.80	66.35	132.70	464.46	53.65	86.93	1 334.89	13 656.78
合计	160.00	1 625.00	1 785.00	5 308.04	663.51	1 327.01	4 644.54	297.30	345.05	12 585.45	65 488.48

经济业务(31)

社会保险费及住房公积金等计算表

2018年12月　　　　人数：65人

计提项目	计提基数	计提率	计提金额	借记账户	贷记账户
养老保险费	上年月平均工资(66 350.51元)	22%	14 597.11	管理费用	应付职工薪酬
住房公积金	上年月平均工资(66 350.51元)	7%	4 644.54	管理费用	应付职工薪酬
失业保险费	上年月平均工资(66 350.51元)	2%	1 327.01	管理费用	应付职工薪酬
工会经费	本月工资总额(76 288.93元)	2%	1 525.78	管理费用	应付职工薪酬
职工教育经费		1.5%	1 144.33	管理费用	应付职工薪酬
合计	……	…	23 238.77	……	

经济业务(33)

上海增值税专用发票

3100189028　　发票联　　No. 03151207

全国统一发票监制章 国家税务总局监制

开票日期：2018年12月15日

购货单位	名　　称：信谊百货公司 纳税人识别号：310105207113040 地 址、电 话：上海花园路1307号;021-62510039 开户行及账号：工行黄浦支行216-03193201	密码区	1818(　)5÷×2　　版本：01 +1813*212-1　　3100119028 ×533+4(　)22　　03151207

货物或应税劳务名称	规格型号	单位	数量	单价	金额	税率	税额
旺旺大礼包		包	60	19.15	¥1 149.00	16%	¥183.84
m&m巧克力		包	50	13.70	¥685.00	16%	¥109.60
果珍		瓶	30	12.30	¥369.00	16%	¥59.04
合　计					¥2 203.00		¥352.48
价税合计(大写)	贰仟伍佰伍拾伍元肆角捌分				(小写)¥2 555.48		

销货单位	名　　称：兴隆食品批发公司 纳税人识别号：310006572831452 地 址、电 话：阳朔路118号;021-63731132 开户行及账号：工行普陀支行415-27468534	备注	

收款人：张一民　　复核：殷建国　　开票人：叶华志　　销货单位：(章)　兴隆食品批发公司 发票专用章

国税函[2018]1285号上海印钞厂

第三联：发票联 购买方记账凭证

上海增值税专用发票

3100189028　　发票联　　No. 03151208

全国统一发票监制章 国家税务总局监制

开票日期：2018年12月15日

购货单位	名　　称：信谊百货公司 纳税人识别号：310105207113040 地 址、电 话：上海花园路1307号;021-62510039 开户行及账号：工行黄浦支行216-03193201	密码区	1147(　)4÷×2　　版本：01 +1634*292-1　　3100119028 ×534+6(　)44　　03151208

货物或应税劳务名称	规格型号	单位	数量	单价	金额	税率	税额
香菇	100克	袋	40	17.10	¥684.00	16%	¥109.44
桂圆	400克	袋	30	30.80	¥924.00	16%	¥147.84
银耳	30克	袋	20	6.15	¥123.00	16%	¥19.68
合　计					¥1 731.00		¥276.96
价税合计(大写)	贰仟零柒元玖角陆分				(小写)¥2 007.96		

销货单位	名　　称：兴隆食品批发公司 纳税人识别号：310006572831452 地 址、电 话：阳朔路118号;021-63731132 开户行及账号：工行普陀支行415-27468534	备注	

收款人：张一民　　复核：殷建国　　开票人：叶华志　　销货单位：(章)　兴隆食品批发公司 发票专用章

国税函[2018]1285号上海印钞厂

第三联：发票联 购买方记账凭证

上海增值税专用发票

3100189028　　　　No. 03151209

发票联（全国统一发票监制章 国家税务总局监制）

开票日期：2018 年 12 月 15 日

购货单位	名　　称：信谊百货公司 纳税人识别号：310105207113040 地址、电话：上海花园路 1307 号；021－62510039 开户行及账号：工行黄浦支行 216－03193201	密码区	1153(　)4÷×2 ＋1465＊212－1 ×528＋4(　)29	版本：01 3100119028

货物或应税劳务名称	规格型号	单位	数量	单价	金额	税率	税额
美厨方便面	80 克	包	300	0.96	¥288.00	16%	¥46.08
雅士利话梅	小	包	30	1.40	¥42.00	16%	¥6.72
太仓肉松	180 克	包	50	12.30	¥615.00	16%	¥98.40
合　计					¥945.00		¥151.20
价税合计(大写)	壹仟零玖拾陆元贰角整				（小写）¥1 096.20		

销货单位	名　　称：兴隆食品批发公司 纳税人识别号：310006572831452 地址、电话：阳朔路 118 号；021－63731132 开户行及账号：工行普陀支行 415－27468534	备注	

收款人：张一民　　复核：殷建国　　开票人：叶华志　　销货单位：(章)　兴隆食品批发公司 发票专用章

国税函[2018]1285 号上海印钞厂

第三联：发票联　购买方记账凭证

上海市增值税专用发票销货清单

增值税发票号码：03151207、03151208、03151209

商品或劳务名称	计量单位	数　量	单　价	销 售 额
旺旺大礼包	包	60	19.15	1 149.00
m&m 巧克力	包	50	13.70	685.00
果珍	瓶	30	12.30	369.00
香菇	袋	40	17.10	684.00
桂圆	袋	30	30.80	924.00
银耳	袋	20	6.15	123.00
美厨方便面	包	300	0.96	288.00
雅士利话梅	包	30	1.40	42.00
太仓肉松	包	50	12.30	615.00
共　计	×	×	×	4 879.00

销售单位(盖章) 兴隆食品批发公司 财务专用章　　造单　高　尚　　复核　陈江燕　　2018 年 12 月 15 日

上海市税务局统一印刷不得翻印(言)

注：1. 本清单一式四份，一份自留作记账凭证，两份交购货单位，附于发票联和抵扣联，一份存根联。
2. 本清单不准作报销和抵扣税款用。

商品购进溢余短缺报告单

2018年12月15日

品　　名	单　位	单　价	应收数量	实收数量	溢　　余		短　　缺	
					数　量	金　额	数　量	金　额
桂圆	袋	30.80	30	29			1	30.80
合　　计								30.80

供货单位：兴隆食品批发公司 发票号码：3151208	处理 意见：	溢余或短缺 原　因：　待查

经济业务(35)

商品销售日报表

经营单位：信谊百货商场　　2018年12月15日

商品类别	品名或规格	计量单位	数　　量	单　　价	金　　额	备　　注
家电	飞利浦收录机(75W)	台	6	181.35	1 088.10	
	太阳神牌热油汀	台	4	468.00	1 872.00	
	水仙牌8升热水器	台	1	936.00	936.00	
	合　　计				3 896.10	

复核：沈仪君　　　　制表：黄　军

商品销售日报表

经营单位：信谊超市　　2018年12月5日

商品类别	金　　额	备　　注
食　品　类	4 140.00	
补　品　类	2 448.00	
冷冻食品类	1 418.90	
合　　计	8 006.90	

复核：李　倩　　　　制表：黄　霞

内 部 交 款 单

交款单位：信谊百货商场　　　　2018年12月15日

交款项目	交款金额分析	金额
销货款	现金	3 896.10
合计	人民币(大写)：叁仟捌佰玖拾陆元壹角整	3 896.10

复核：施　红　　　　　　　　制单：黄　军

现 金 交 款 单

2018年12月15日

交款单位：信谊百货商场			交款金额人民币(大写)：叁仟捌佰玖拾陆元壹角整		
票面值	张数	金额	票面值	张数	金额
壹佰元	15	1 500.00	壹元	90	90.00
伍拾元	21	1 050.00	伍角		
壹拾元	50	500.00	贰角		
伍　元	110	550.00	壹角	60	6.00
贰　元	100	200.00	分币	5	0.10

收款人：施　红　　　　　　　　交款人：黄　军

内 部 交 款 单

交款单位：信谊超市　　　　2018年12月15日

交款项目	交款金额分析	金额
销货款	现金	8 006.90
合计	人民币(大写)：捌仟零陆元玖角整	8 006.90

复核：施　红　　　　　　　　制单：黄　霞

现 金 交 款 单

2018年12月15日

交款单位：信谊超市			交款金额人民币(大写)：捌仟零陆元玖角整		
票面值	张数	金额	票面值	张数	金额
壹佰元	50	5 000.00	壹元	175	175.00
伍拾元	30	1 500.00	伍角	102	51.00
壹拾元	90	900.00	贰角	200	40.00
伍　元	25	125.00	壹角	350	35.00
贰　元	90	180.00	分币	50	0.90

收款人：施　红　　　　　　　　交款人：黄　霞

经济业务(39)

委邮

委托收款 凭证(收账通知) 4

委收号码：

第　　号

委托日期 2018年12月13日　　收款期限2018年12月16日

付款人	全　称	昆山百货公司	收款人	全　称	信谊百货公司	
	账号或地址	2897025		账　号	216-03193201	
	开户银行	建行昆山支行		开户银行	工行黄浦支行	行号
委收金额	人民币（大写）：贰拾捌万叁仟柒佰陆拾贰元整					千百十万千百十元角分：¥283762.00
款项内容	货款	委托收款凭据名称		附寄单证张数		
备注：销售折让货款及税额 5 127.20 元		上列款项：1. 已全部划回收入你方账户。2. 已收回部分款项收入你方账户。3. 全部未收到。		中国工商银行上海市分行 黄浦支行业务章 2018.12.16 收款人开户行盖章 20　年　月　日		

此联收款人开户行在款项收妥后给收款人的收账通知

单位主管　　会计　　复核　　记账　　付款人开户行收到日期 2018年12月16日

支付日期 2018年12月16日

委托收款结算全部/部分拒绝付款理由书(代通知或收账通知) 4

拒付日期 2018年12月16日　　原托收号码：

收款人	全　称	信谊百货公司		付款人	全　称	昆山百货公司		
	账　号	216-03193201			账　号	2897025		
	开户银行	工行黄浦支行	行号		开户银行	建行昆山支行	行号	
委托金额	283 762.00	拒付金额	5 127.20		部分承付金额			千百十万千百十元角分：¥278634.80
附寄单证	张	部分付款金额(大写)	贰拾柒万捌仟陆佰叁拾肆元捌角整					
拒付理由：质量有瑕疵		昆山百货公司财务专用章 付款人签章						

此联银行给收款人作收账通知或全部拒付通知书

江苏省税务局
企业进货退出及索取折让证明单

No.

销货单位	全　称	信谊百货公司				
	税务登记号	310105207113040				
进货退出	货物名称		单价	数量	货款	税额
索取折让	货物名称		货款	税额	要求：折让金额	要求：折让税额
	男式羊毛内衣——大号		4 500.00	720.00	450.00	72.00
	男式羊毛内衣——中号		21 000.00	3 360.00	2 100.00	336.00
	女式羊毛内衣——中号		18 700.00	2 992.00	1 870.00	299.20
退货或索取折让理由	质量有瑕疵 经办人：孙　军　昆山百货公司财务专用章 单位签章： 2018年12月14日		税务征收机关签章	昆山税务所业务专用章 经办人：周　晔 2018年12月15日		
购货单位	全　称	昆山百货公司				
	税务登记号	278090733128050				

本证明单一式三联：

第一联，征收机关留存；第二联，交销货单位；第三联，购货单位留存。

上海增值税专用发票

3100189028　　　　No. 03185066

此联不作报销、扣税凭证使用

开票日期：2018年12月16日

购货单位	名　称：昆山百货公司 纳税人识别号：278090733128050 地址、电话：八一路250号；24670086 开户行及账号：建行昆山支行2897025				密码区	1223(　)5÷×1 +1347*244−2 ×419+5(　)67	版本：01 3100119028 03185067
货物或应税劳务名称	规格型号	单位	数量	单价	金额	税率	税额
男式羊毛内衣——大号	L				¥450.00	16%	¥72.00
男式羊毛内衣——中号	M				¥2 100.00	16%	¥336.00
女式羊毛内衣——中号	M				¥1 870.00	16%	¥299.20
合　计					¥4 420.00		¥707.20
价税合计(大写)	伍仟壹佰贰拾柒元贰角整				(小写)¥5 127.20		
销货单位	名　称：信谊百货公司 纳税人识别号：310105207113040 地址、电话：上海花园路1307号；021-62510039 开户行及账号：工行黄浦支行216-03193201				备注		

收款人：张婷婷　　复核：赵　君　　开票人：陈哲仁　　销货单位：(章)　信谊百货公司发票专用章

国税函[2018]1285号上海印钞厂

第一联：记账联　销售方记账凭证

经济业务(40)

中国银行上海市分行支票

支票号码:AB218867

出票日期:贰零壹捌年壹拾贰月壹拾陆日　　开户行名称:工行徐汇三支行

收款人:信谊百货公司　　出票人账号:266-10411223

人民币(大写)	千	百	十	万	千	百	十	元	角	分
伍万伍仟陆佰捌拾元整			¥	5	5	6	8	0	0	0

用途 柜台租金

上列款项请从我账户内支付

出票人签章　春亚科技公司财务专用章　汪荣印刚

复核

记账

验印

上海增值税专用发票

3100189028　　No. 03185067

此联不作报销、扣税凭证使用

全国统一发票监制章 上海 国家税务总局监制

开票日期:2018年12月16日

购货单位	名　称:春亚科技公司 纳税人识别号:2780072868145 地址、电话:新光路400号24671253 开户行及账号:建行昆山支行2897025				密码区	1277(　)5÷×2 +1786*428-1 ×658+6(　)13	版本:01 3100119028 03186068	
货物或应税劳务名称	规格型号	单位	数量	单价	金额	税率	税额	
柜台租金					¥48 000.00	16%	¥7 680.00	
合　计					¥48 000.00		¥7 680.00	
价税合计(大写)	伍万伍仟陆佰捌拾元整				(小写)¥55 680.00			
销货单位	名　称:信谊百货公司 纳税人识别号:310105207113040 地址、电话:上海花园路1307号;021-62510039 开户行及账号:工行黄浦支行216-03193201				备注			

收款人:　　复核:赵　君　　开票人:陈哲仁　　销货单位:(章) 信谊百货公司发票专用章

国税函[2018]1285号上海印钞厂

第一联:记账联　销售方记账凭证

经济业务(42)

信谊百货公司费用报销单

No. 0004872

2018 年 12 月 16 日

请详细写明报销内容

姓名	摘要	膳用金额		车费金额		其他费用金额	
陆 敏	12 月份幼托费					25	00
姚 可	12 月份幼托费					25	00
张 云	12 月份幼托费	现金付讫				25	00
合计(大写)柒拾伍元整	合 计					75	00
		¥75.00					

第一联 记账联

经营单位 信谊超市　　审 核：黄 荣　　制单：陆 敏　　收款：陆 敏

上海市托儿所托费专用收据

发票代码：117623
发票号码：007816

姓名汪 蓓　　班级 托幼　　2018 年 12 月 15 日

收费项目	金额 百	十	元	角	分	上海市收费许可证字号	所属月份 12
托 费	1	3	5	0	0	No. 沪 083125	备注：凭本收据报销托费 25 元
搭伙费			1	5	0		

附：代办费

项 目	金额 十	元	角	分	本月应收天数	项 目	金额 十	元	角	分	上月应退天数
膳 费	4	1	3	0		退膳费					
点心费	1	9	2	0		退点心费		2	4	0	
其 他											
实收人民币(大写)	壹佰玖拾肆元陆角整 ¥194.60										

第一联 女方单位报销联

收款单位(公章) 上海市徐汇区康健托儿所财务专用章　　经手人孙 青　　退款领取人陆 敏

上海市托儿所托费专用收据

发票代码：117623
发票号码：007817

姓名姚莉莉　　班级 托幼　　2018年12月14日

收费项目	金额 百	十	元	角	分	上海市收费许可证字号	所属月份12
托　费	1	3	5	0	0	No. 沪 064872	备注：凭本收据报销托费25元
搭伙费			1	5	0		

附：代办费

项　目	金额 十	元	角	分	本月应收天数	项　目	金额 十	元	角	分	上月应退天数
膳　费	4	4	7	0		退膳费					
点心费	1	7	6	0		退点心费					
其　他											
实收人民币（大写）	壹佰玖拾捌元捌角整　¥198.80										

收款单位（公章）上海市卢湾区小红花托儿所财务专用章　　经手人 白 玫　　退款领取人 姚 可

第二联 男方单位报销联

上海市托儿所托费专用收据

发票代码：117623
发票号码：007818

姓名张 丽　　班级 托幼　　2018年12月15日

收费项目	金额 百	十	元	角	分	上海市收费许可证字号	所属月份12
托　费	1	3	5	0	0	No. 沪 056342	备注：凭本收据报销托费25元
搭伙费			1	5	0		

附：代办费

项　目	金额 十	元	角	分	本月应收天数	项　目	金额 十	元	角	分	上月应退天数
膳　费	4	2	6	0		退膳费					
点心费	1	8	5	0		退点心费					
其　他											
实收人民币（大写）	壹佰玖拾柒元陆角整　¥197.60										

收款单位（公章）上海市徐汇区梅陇托儿所财务专用章　　经手人 费 佳　　退款领取人 张 云

第二联 男方单位报销联

经济业务(43)

委托银行收款凭证(付款通知
代 收 据) ④ 专用

托收号码：

No. 253653

55432812

委托银行日期 2018 年 12 月 16 日

此联是付款单位开户银行给付款单位的付款通知

付款人	全　　称	信谊百货公司	收款人	全　称	上海市电信公司
	账　　号	216－03193201		账　号	254－05439443
	开户银行	工行黄浦支行		开户银行	工行上海市分行营业处

金额	人民币(大写) 壹仟壹佰柒拾捌元玖角叁分	千	百	十	万	千	百	十	元	角	分
					¥	1	1	7	8	9	3

结算原因	电话费	合同号码	3673CB84	附寄单证张　数	

会计分录

(　)________________

对方科目(　)________________

会计　　出纳　　复核　　记账

上列款项已根据收款单位委托从你单位账户付出：

中国工商银行上海市分行
黄浦支行业务章 2018.12.16

(付款单位开户银行盖章)

经济业务(43)

上海增值税专用发票

3100189028

全国统一发票监制章 发票联 国家税务总局监制

No. 01446497

开票日期：2018 年 12 月 16 日

国税函[2018]1285 号上海印钞厂

购货单位	名　　称：信谊百货公司 纳税人识别号：310105207113040 地 址、电 话：上海花园路 1307 号；021－62510039 开户行及账号：工行黄浦支行 216－03193201	密码区	1536(　)6÷×1　　版本：01 ＋1322＊534－1　　3100119028 ×765＋3(　)43　　01146472

货物或应税劳务名称	规格型号	单位	数量	单价	金额	税率	税额
市内电话费					¥820.50	6%	¥49.23
长途电话费					¥291.70	6%	¥17.50
合　计							
价税合计(大写)	壹仟壹佰柒拾捌元玖角叁分				(小写) ¥1 178.93		

销货单位	名　　称：上海市电信公司 纳税人识别号：310004574480696 地 址、电 话：上海市东昌路 209 号；021－10000 开户行及账号：工行上海市分行 2546－08489445	备注	

收款人：　　复核：刘云燕　　开票人：曹丽萍　　销货单位：(章) 上海市电信局发票专用章

第三联：发票联 购买方记账凭证

经济业务(44)

上海市企业单位统一收据

发票代码：2816210
发票号码：1281127
2018年12月17日

交款单位 信谊百货公司

人民币(大写) 伍仟元整 ¥5 000.00

系 付 赞助支出

②收据联

现金	
支票	✓
付委	

收款单位(盖章有效) 上海博洲集团公司收据专用章 财务 李 敏 经手人 黄 蓓

经济业务(45)

委托银行收款凭证(付款通知) ④专用

托收号码：
No. 358123
4681756

委托日期 2018年12月17日

此联是付款单位开户银行给付款单位的付款通知

付款人	全称	信谊百货公司	收款人	全称	上海市自来水公司营业所
	账号	216-03193201		账号	254-04684392
	开户银行	工行黄浦支行		开户银行	工行上海市分行营业部

金额	人民币(大写)	千	百	十	万	千	百	十	元	角	分
	贰佰肆拾捌元柒角伍分					¥	2	4	8	7	5

结算原因	水费	合同号码	253423	附寄单证张数	

会计分录

( )________

对方科目( )________

会计 出纳 复核 记账

上列款项已根据收款单位委托从你单位账户付出：

中国工商银行上海市分行黄浦支行业务章 2018.12.17

(付款单位开户银行盖章)

经济业务(45)

上海增值税专用发票

3100189028　　　　No. 01286879

全国统一发票监制章 发票联 国家税务总局监制

开票日期：2018年12月2日

购货单位	名　　称：信谊百货公司 纳税人识别号：310105207113040 地 址、电 话：上海花园路1307号；021－62510039 开户行及账号：工行黄浦支行216－03193201	密码区	1536(　)6÷×1　　版本：01 ＋1322＊534－1　　3100119028 ×765＋3(　)43　　01146472

货物或应税劳务名称	规格型号	单位	数量	单价	金额	税率	税额
水费					¥241.50	3%	¥7.25
合　　计					¥241.50		¥7.25
价税合计(大写)	贰佰肆拾捌元柒角伍分				(小写)¥248.75		

销货单位	名　　称：上海市自来水公司 纳税人识别号：310003678412345 地 址、电 话：上海市武宁路510号；64073986 开户行及账号：工行上海市分行254－04684392	备注	

收款人：　　复核：李　丽　　开票人：徐　青　　销货单位：(章)　上海市自来水公司 发票专用章

国税函〔2018〕1285号上海印钞厂

第三联：发票联　购买方记账凭证

经济业务(46)

上海增值税专用发票

3100189028　　　　No. 03185068

此联不作报销、扣税凭证使用

全国统一发票监制章 国家税务总局监制

开票日期：2018年12月18日

购货单位	名　　称：上海金山日用品公司 纳税人识别号：101239870046223 地 址、电 话：金山为民路3107号 开户行及账号：市工行二营59766628	密码区	1277(　)1÷×1　　版本：01 ＋1564＊211－2　　3100119028 ×664＋3(　)92　　03185069

货物或应税劳务名称	规格型号	单位	数量	单价	金额	税率	税额
铝壳气压保温瓶		只	900	45.00	¥40 500.00	16%	¥6 480.00
铁壳保温瓶		只	500	25.00	¥12 500.00	16%	¥2 000.00
合　　计					¥53 000.00		¥8 480.00
价税合计(大写)	陆万壹仟肆佰捌拾元整				(小写)¥61 480.00		

销货单位	名　　称：信谊百货公司 纳税人识别号：310105207113040 地 址、电 话：上海花园路1307号；021－62510039 开户行及账号：工行黄浦支行216－03193201	备注	

收款人：　　复核：赵　君　　开票人：陈哲仁　　销货单位：(章)　信谊百货公司 发票专用章

国税函〔2018〕1285号上海印钞厂

第一联：记账联　销售方记账凭证

经济业务(47)

上海增值税专用发票

3100189028　　　　发票联　　　　No. 07485321

全国统一发票监制章 国家税务总局监制

开票日期：2018年12月18日

购货单位	名　　称：信谊百货公司 纳税人识别号：310105207113040 地 址、电 话：上海花园路1307号;021-62510039 开户行及账号：工行黄浦支行216-03193201	密码区	1473(　)4÷×2　版本：01 +1577*222-1　3100119028 ×833+1(　)64　07485321

货物或应税劳务名称	规格型号	单位	数量	单价	金额	税率	税额
电费					¥3 100.00	16%	¥496.00
合　计					¥3 100.00		¥496.00
价税合计(大写)	叁仟伍佰玖拾陆元整				(小写)¥3 596.00		

销货单位	名　　称：上海市供电局 纳税人识别号：310201446396011 地 址、电 话：新沪太路2167号;021-43672359 开户行及账号：工行沪太分理处203-00033348	备注	

收款人：龚学伟　　复核：徐丽娟　　开票人：黄丽华　　销货单位：(章) 上海市供电局 发票专用章

国税函[2018]1285号上海印钞厂

第三联：发票联　购买方记账凭证

经济业务(48)

上海增值税专用发票

3100189028　　　　发票联　　　　No. 03087213

全国统一发票监制章 国家税务总局监制

开票日期：2018年12月20日

购货单位	名　　称：信谊百货公司 纳税人识别号：310105207113040 地 址、电 话：上海花园路1307号;021-62510039 开户行及账号：工行黄浦支行216-03193201	密码区	2133(　)8÷×0　版本：01 +2112*731-3　3100119028 ×984+5(　)25　03087213

货物或应税劳务名称	规格型号	单位	数量	单价	金额	税率	税额
大江鸡翅		袋	60	12.30	¥738.00	16%	¥118.08
大江牛肉汉堡		袋	90	6.15	¥553.50	16%	¥88.56
五香牛肉丝		袋	80	4.10	¥328.00	16%	¥52.48
合　计					¥1 619.50		¥259.12
价税合计(大写)	壹仟捌佰柒拾捌元陆角贰分				(小写)¥1 878.62		

销货单位	名　　称：新东副食品批发公司 纳税人识别号：310005486723184 地 址、电 话：西康路94号;021-62472537 开户行及账号：农行静安支行296-039862534	备注	

收款人：　　复核：杨　斌　　开票人：柳　娟　　销货单位：(章) 新东副食品批发公司 发票专用章

国税函[2018]1285号上海印钞厂

第三联：发票联　购买方记账凭证

3100189028 **上海增值税专用发票** No. 03087214

全国统一发票监制章 发票联 国家税务总局监制

开票日期：2018年12月20日

购货单位	名　　称：信谊百货公司 纳税人识别号：310105207113040 地 址、电 话：上海花园路1307号；021-62510039 开户行及账号：工行黄浦支行216-03193201	密码区	2386(　)8÷×0　版本：01 +2123*575-3　3100119028 ×865+5(　)35　03087214

货物或应税劳务名称	规格型号	单位	数量	单价	金额	税率	税额
龙凤水饺		袋	100	3.08	¥308.00	16%	¥49.28
北极虾		袋	30	10.90	¥327.00	16%	¥52.32
虾仁	150克	袋	40	12.30	¥492.00	16%	¥78.72
合计					¥1 127.00		¥180.32
价税合计(大写)	壹仟叁佰零柒元叁角贰分				(小写)¥1 307.32		

销货单位	名　　称：新东副食品批发公司 纳税人识别号：310005486723184 地 址、电 话：西康路94号；021-62472537 开户行及账号：农行静安支行296-039862534	备注	

收款人：　　复核：杨　斌　　开票人：柳　娟　　销货单位：(章) 新东副食品批发公司 发票专用章

国税函〔2018〕1285号上海印钞厂

第三联：发票联　购买方记账凭证

3100189028 **上海增值税专用发票** No. 03087215

全国统一发票监制章 发票联 国家税务总局监制

开票日期：2018年12月20日

购货单位	名　　称：信谊百货公司 纳税人识别号：310105207113040 地 址、电 话：上海花园路1307号；021-62510039 开户行及账号：工行黄浦支行216-03193201	密码区	1765(　)5÷×3　版本：01 +1965*334-3　3100119028 ×586+5(　)47　03087215

货物或应税劳务名称	规格型号	单位	数量	单价	金额	税率	税额
目鱼大烤		袋	65	6.80	¥442.00	16%	¥70.72
粟米粒		袋	40	5.45	¥218.00	16%	¥34.88
鱼排		袋	35	4.10	¥143.50	16%	¥22.96
合计					¥803.50		¥128.56
价税合计(大写)	玖佰叁拾贰元零陆分				(小写)¥932.06		

销货单位	名　　称：新东副食品批发公司 纳税人识别号：310005486723184 地 址、电 话：西康路94号；021-62472537 开户行及账号：农行静安支行296-039862584	备注	

收款人：　　复核：杨　斌　　开票人：柳　娟　　销货单位：(章) 新东副食品批发公司 发票专用章

国税函〔2018〕1285号上海印钞厂

第三联：发票联　购买方记账凭证

上海增值税专用发票

3100189028　　全国统一发票监制章 发票联 国家税务总局监制　　No. 03087216

开票日期：2018年12月20日

购货单位	名　　称：信谊百货公司 纳税人识别号：310105207113040 地 址、电 话：上海花园路1307号；021－62510039 开户行及账号：工行黄浦支行216－03193201	密码区	1965(　)7÷×1　　版本：01 ＋1747＊453－1　　3100119028 ×256＋4(　)37　　03087216

货物或应税劳务名称	规格型号	单位	数量	单价	金额	税率	税额
青豆		袋	60	2.05	¥123.00	16%	¥19.68
合　计					¥123.00		¥19.68
价税合计(大写)	壹佰肆拾贰元陆角捌分				(小写) ¥142.68		

销货单位	名　　称：新东副食品批发公司 纳税人识别号：310005486723184 地 址、电 话：西康路94号；021－62472537 开户行及账号：农行静安支行296－039862534	备注	

收款人：　　复核：杨　斌　　开票人：柳　娟　　销货单位：(章)　新东副食品批发公司 发票专用章

国税函[2018]1285号上海印钞厂

第三联：发票联　购买方记账凭证

上海市增值税专用发票销货清单

增值税发票号码：03087213、03087214、03087215、03087216

商品或劳务名称	计量单位	数　量	单　价	销售额
大江鸡翅	袋	60	12.30	738.00
大江牛肉汉堡	袋	90	6.15	553.50
五香牛肉丝	袋	80	4.10	328.00
龙凤水饺	袋	100	3.08	308.00
北极虾	袋	30	10.90	327.00
虾　仁	袋	40	12.30	492.00
目鱼大烤	袋	65	6.80	442.00
粟米粒	袋	40	5.45	218.00
鱼　排	袋	35	4.10	143.50
青　豆	袋	60	2.05	123.00
共　计	×	×	×	3 673.00

上海市税务局统一印刷不得翻印(青)

销售单位(盖章)　新东副食品批发公司 财务专用章　　造单　荣　荣　　复核　张　娟　　2018年12月20日

注：1. 本清单一式四份，一份自留作记账凭证，两份交购货单位，附予发票联和抵扣联，一份存根联。
2. 本清单不准作报销和抵扣税款用。

经济业务(49)

商品销售日报表

经营单位：信谊百货商场　　　　2018年12月20日

商品类别	品名或规格	计量单位	数　量	单　价	金　额	备　注
家电	双鹿无氟180升电冰箱	台	8	2 457.00	17 690.40	按90%优惠
	飞利浦收录机(75W)	台	20	181.35	3 264.30	按90%优惠
	太阳神牌2000W热油汀	台	35	468.00	14 742.00	按90%优惠
	水仙牌8升热水器	台	20	936.00	16 848.00	按90%优惠
	合　计				52 544.70	

复核：沈仪君　　　　制表：黄　军

商品销售日报表

经营单位：信谊超市　　　　2018年12月20日

商品类别	金　额	备　注
食　品	27 429.50	
补　品	18 572.40	
冷冻食品	22 320.40	
合　计	68 322.30	

复核：李　倩　　　　制表：黄　霞

内部交款单

交款单位：信谊百货商场　　　　2018年12月20日

交款项目	交款金额分析	金额
销货款	现金	48 648.60
销货款	支票1张	3 896.10
合计	人民币(大写)伍万贰仟伍佰肆拾肆元柒角整	52 544.70

复核：施　红　　　　制单：黄　军

现金交款单

2018年12月20日

交款单位：信谊百货商场			交款金额：人民币(大写)肆万捌仟陆佰肆拾捌元陆角整		
票面值	张数	金额	票面值	张数	金额
壹佰元	105	10 500.00	壹元	56	56.00
伍拾元	700	35 000.00	伍角	56	28.00
壹拾元	200	2 000.00	贰角	100	20.0
伍元	100	500.00	壹角	6	0.60
贰元	272	544.00	分币		

收款人：施　红　　　　交款人：黄　军

内部交款单

交款单位：信谊超市　　　　2018年12月20日

交款项目	交款金额分析	金　额
销货款	现金	68 322.30
合　计	人民币(大写)陆万捌仟叁佰贰拾贰元叁角整	68 322.30

复核：施　红　　　　制单：黄　霞

现金交款单

2018年12月20日

交款单位：信谊超市			交款金额：人民币(大写)陆万捌仟叁佰贰拾贰元叁角整		
票面值	张　数	金　额	票面值	张　数	金　额
壹佰元	537	53 700.00	壹　元	112	112.00
伍拾元	167	8 350.00	伍　角	140	70.00
壹拾元	542	5 420.00	贰　角	150	30.00
伍　元	106	530.00	壹　角	100	10.00
贰　元	50	100.00	分　币	15	0.30

收款人：施　红　　　　交款人：黄　霞

中国工商银行上海市分行支票

支票号码：AE178007

出票日期：贰零壹捌年壹拾贰月贰拾日　　　　开户行名称：工行徐汇支行

收款人：信谊百货公司　　　　出票人账号：277－24600037

人民币(大写)	千	百	十	万	千	百	十	元	角	分
叁仟捌佰玖拾陆元壹角整				¥	3	8	9	6	1	0

用途　货款

上列款项请从

我账户内支付

出票人签章

上海童校学艺专务财章用

佳钟

印书

复核

记账

验印

优惠销售通知单

各经营单位：

从即日起，对所有商品(除黄金饰品外)一律按原零售价的90%实行优惠销售。

总经理：胡学进　　　　2018.12.20

经济业务(50)

上海增值税专用发票

3100189028　　No. 03185069

此联不作报销、扣税凭证使用

（印章：全国统一发票监制章 国家税务总局监制）

国税函[2018]1285号上海印钞厂

开票日期：2018年12月22日

购货单位	名称：南通日用百货公司 纳税人识别号：245670002210178 地址、电话：解放东路5402号;23477338 开户行及账号：建行南通支行37645007	密码区	1825(　)6÷×0　版本：01 +1776*411-1　3100119028 ×751+4(　)12　03185070

货物或应税劳务名称	规格型号	单位	数量	单价	金额	税率	税额
铝壳气压保温瓶		只	1 800	45.00	¥81 000.00	16%	¥12 960.00
铁壳保温瓶		只	800	25.00	¥20 000.00	16%	¥3 200.00
爱德牌电饭煲	500W	只	200	120.00	¥24 000.00	16%	¥3 840.00
合　计					¥125 000.00		¥20 000.00
价税合计(大写)	壹拾肆万伍仟元整				(小写)¥145 000.00		

销货单位	名称：信谊百货公司 纳税人识别号：310105207113040 地址、电话：上海花园路1307号;021-62510039 开户行及账号：中行上海分行023-17693	备注	

收款人：　　复核：赵　君　　开票人：陈哲仁　　销货单位：(章)　信谊百货公司 发票专用章

第一联：记账联　销售方记账凭证

上海增值税专用发票

3100189028　　No. 03185070

此联不作报销、扣税凭证使用

（印章：全国统一发票监制章 国家税务总局监制）

国税函[2018]1285号上海印钞厂

开票日期：2018年12月22日

购货单位	名称：南通日用百货公司 纳税人识别号：245670002210178 地址、电话：解放东路5402号;23477338 开户行及账号：建行南通支行37645007	密码区	1274(　)6÷×0　版本：01 +1331*353-1　3100119028 ×284+3(　)27　03185071

货物或应税劳务名称	规格型号	单位	数量	单价	金额	税率	税额
女式羊毛内衣——大号	L	套	40	120.00	¥4 800.00	16%	¥768.00
女式羊毛内衣——中号	M	套	70	110.00	¥7 700.00	16%	¥1 232.00
女式羊毛内衣——小号	S	套	20	100.00	¥2 000.00	16%	¥320.00
合　计					¥14 500.00		¥2 320.00
价税合计(大写)	壹万陆仟捌佰贰拾元整				(小写)¥16 820.00		

销货单位	名称：信谊百货公司 纳税人识别号：310105207113040 地址、电话：上海花园路1307号;021-62510039 开户行及账号：中行上海分行023-17693	备注	

收款人：　　复核：赵　君　　开票人：陈哲仁　　销货单位：(章)　信谊百货公司 发票专用章

第一联：记账联　销售方记账凭证

经济业务(51)

中国工商银行上海市(　　216)计收利息清单(付款通知)

账号 216－03193201　　　　2018年12月24日

单位名称	信谊百货公司	结算户	1603193201

计息起讫日期	2018/09/24～2018/12/23

贷款户账号	计息总积数	利　率	利息金额
2160315486752	66 160.00	7.65%	16 870.80

你单位上述应偿借款利息已从你单位账户划出

中国工商银行上海市分行黄浦支行业务章 2018.12.24

复核　　记账

此　致

借款单位　（银行盖章）

中国银行上海市(　　310)计收利息清单(付款通知)

账号 023－17693　　　　2018年12月24日

单位名称	信谊百货公司	结算户	2317693

计息起讫日期	2018/09/24～2018/12/23

贷款户账号	计息总积数	利　率	利息金额
0231763605	16 540 000.00	7.65%	4 217.70

你单位上述应偿借款利息已从你单位账户划出

中国银行上海市分行业务章 2018.12.24

复核　　记账

此　致

借款单位　（银行盖章）

经济业务(53)

中国工商银行上海市(　　216)计付利息清单(收款通知)

账号 216－03193201　　　　2018年12月24日

单位名称	信谊百货公司	结算户	1603193201

计息起讫日期	2018/09/24～2018/12/23

存款户账号	计息总积数	利　率	利息金额
216－03193201	80 229 714.29	2.625%	12 557.75

你单位上述存款利息已收入你单位账户　　中国工商银行上海市分行黄浦支行业务章 2018.12.24　　复核　　记账

此　致

存款单位　（银行盖章）

中国银行上海市(　　023)计付利息清单(收款通知)

账号 023－17693　　　　2018年12月24日

单位名称	信谊百货公司	结算户	2317693

计息起讫日期	2018/09/24～2018/12/23

存款户账号	计息总积数	利　率	利息金额
023－17693	19 202 971.43	2.625%	3 064.67

你单位上述存款利息已收入你单位账户　　中国银行上海市分行业务章 2018.12.24　　复核　　记账

此　致

存款单位　（银行盖章）

经济业务(55)

中国工商银行 ⅢX 012897
本 票 1 第 号

签发日期(大写)贰零壹捌年壹拾贰月贰拾伍日

此联签发行结清本票时作付出传票

<table>
<tr><td colspan="3">收款人:兴隆食品批发公司</td><td></td></tr>
<tr><td colspan="3">凭票即付 人民币(大写)叁万肆仟捌佰元整</td><td></td></tr>
<tr><td>转√账</td><td>现 金</td><td rowspan="2">中国工商银行上海市分行
黄浦支行业务章 2018.12.25
签发银行盖章</td><td rowspan="2">科目(付)
对方科目(收)
兑付日期 年 月 日
出纳 复核 经办</td></tr>
<tr><td colspan="2"></td></tr>
</table>

上海增值税专用发票

3100189028 发票联 No. 03182533

全国统一发票监制章 国家税务总局监制

开票日期:2018年12月25日

<table>
<tr><td rowspan="4">购货单位</td><td colspan="4">名 称:信谊百货公司</td><td rowspan="4">密码区</td><td colspan="3">2135( )7÷×0 版本:01</td></tr>
<tr><td colspan="4">纳税人识别号:310105207113040</td><td colspan="3">+1323*534−2 3100119028</td></tr>
<tr><td colspan="4">地 址、电 话:上海花园路1307号;021-62510039</td><td colspan="3">×744+5( )25 03182533</td></tr>
<tr><td colspan="4">开户行及账号:工行黄浦支行216-03193201</td><td colspan="3"></td></tr>
<tr><td colspan="2">货物或应税劳务名称</td><td>规格型号</td><td>单位</td><td>数量</td><td>单价</td><td>金额</td><td>税率</td><td>税额</td></tr>
<tr><td colspan="2">太仓肉松</td><td>180克</td><td>包</td><td>200</td><td>12.30</td><td>¥2 460.00</td><td>16%</td><td>¥393.60</td></tr>
<tr><td colspan="2">旺旺大礼包</td><td></td><td>包</td><td>500</td><td>19.10</td><td>¥9 550.00</td><td>16%</td><td>¥1 528.00</td></tr>
<tr><td colspan="2">吗咪虾条</td><td>60克</td><td>包</td><td>1 600</td><td>3.40</td><td>¥5 440.00</td><td>16%</td><td>¥870.40</td></tr>
<tr><td colspan="2">合 计</td><td></td><td></td><td></td><td></td><td>¥17 450.00</td><td></td><td>¥2 792.00</td></tr>
<tr><td colspan="2">价税合计(大写)</td><td colspan="7">贰万零贰佰肆拾贰元整 (小写)¥20 242.00</td></tr>
<tr><td rowspan="4">销货单位</td><td colspan="4">名 称:兴隆食品批发公司</td><td rowspan="4">备注</td><td colspan="3" rowspan="4"></td></tr>
<tr><td colspan="4">纳税人识别号:310006572831452</td></tr>
<tr><td colspan="4">地 址、电 话:上海阳朔路118号;021-63731132</td></tr>
<tr><td colspan="4">开户行及账号:工行普陀支行415-27468534</td></tr>
</table>

收款人:李 义 复核:赵 明 开票人:王 强 销货单位:(章) 兴隆食品批发公司 发票专用章

国税函[2018]1285号上海印钞厂

第三联:发票联 购买方记账凭证

3100189028

上海增值税专用发票

No. 03182534

（全国统一发票监制章 国家税务总局监制）发票联

开票日期：2018年12月25日

国税函〔2018〕1285号上海印钞厂

购货单位	名称：信谊百货公司 纳税人识别号：310105207113040 地址、电话：上海花园路1307号；021－62510039 开户行及账号：工行黄浦支行216－03193201	密码区	2243(　)8÷×1 ＋2244＊474－2 ×494＋2(　)35	版本：01 3100119028 03182534

货物或应税劳务名称	规格型号	单位	数量	单价	金额	税率	税额
王子饼干	100克	包	300	3.30	￥990.00	16%	￥158.40
雀巢营养奶粉	400克	包	200	17.00	￥3 400.00	16%	￥544.00
m&m巧克力		包	600	13.60	￥8 160.00	16%	￥1 305.60
合　计					￥12 550.00		￥2 008.00
价税合计(大写)	壹万肆仟伍佰伍拾捌元整				（小写）￥14 558.00		

销货单位	名称：兴隆食品批发公司 纳税人识别号：310006572831452 地址、电话：上海阳朔路118号；021－63731132 开户行及账号：工行普陀支行415－27468534	备注	

第三联：发票联　购买方记账凭证

收款人：李　义　　复核：赵　明　　开票人：王　强　　销货单位：(章) 兴隆食品批发公司 发票专用章

上海市增值税专用发票销货清单

增值税发票号码：03182533、03182534

上海市税务局统一印制不得翻印(青)

商品或劳务名称	计量单位	数　量	单　价	销　售　额
太仓肉松	包	200	12.30	2 460.00
旺旺大礼包	包	500	19.10	9 550.00
吗咪虾条	包	1 600	3.40	5 440.00
王子饼干	包	300	3.30	990.00
雀巢营养奶粉	包	200	17.00	3 400.00
m&m巧克力	包	600	13.60	8 160.00
共　计	×	×	×	30 000.00

销售单位(盖章) 兴隆食品批发公司 财务专用章　　造单　高　尚　　复核　陈红燕　2018年12月25日

注：1. 本清单一式四份，一份自留作记账凭证，两份交购货单位，附于发票联和抵扣联，一份存根联。
2. 本清单不准作报销和抵扣税款用。

经济业务(57)

商品销售日报表

经营单位：信谊百货商场　　　　2018年12月20日

商品类别	品名或规格	计量单位	数量	单价	金额	备注
家电	双鹿无氟180升电冰箱	台	1	2 457.00	2 457.00	
	飞利浦收录机(75W)	台	6	181.35	1 088.10	
	太阳神牌2000W热油汀	台	3	468.00	1 404.00	
	水仙牌8升热水器	台	2	936.00	1 872.00	
	合计				¥6 821.10	

复核：沈仪君　　　　制表：黄　军

商品销售日报表

经营单位：信谊超市　　　　2018年12月20日

商品类别	金额	备注
食品	11 745.60	
补品	8 645.00	
冷冻食品	5 825.60	
合计	26 216.20	

复核：李　倩　　　　制表：黄　霞

内部交款单

交款单位：信谊百货商场　　　　2018年12月20日

交款项目	交款金额分析	金额
销货款	现金	4 364.10
销货款	支票1张	2 457.00
合计	人民币(大写)陆仟捌佰贰拾壹元壹角整	6 821.10

复核：施　红　　　　制单：黄　军

内部交款单

交款单位：信谊超市　　　　2018年12月25日

交款项目	交款金额分析	金额
销货款	现金	26 216.20
合计	人民币(大写)贰万陆仟贰佰壹拾陆元贰角整	26 216.20

复核：施　红　　　　制单：黄　霞

现 金 交 款 单

2018年12月20日

交款单位：信谊百货商场			交款金额人民币(大写)：肆仟叁佰陆拾肆元壹角整		
票面值	张　数	金　额	票面值	张　数	金　额
壹佰元	40	4 000.00	壹元	3	3.00
伍拾元	6	300.00	伍角	1	0.50
壹拾元	4	40.00	贰角	2	0.40
伍　元	2	10.00	壹角	30	3.00
贰　元	3	6.00	分币	26	1.20

收款人：施　红　　　　　　　　交款人：黄　军

现 金 交 款 单

2018年12月20日

交款单位：信谊超市			交款金额人民币(大写)：贰万陆仟贰佰壹拾陆元贰角整		
票面值	张　数	金　额	票面值	张　数	金　额
壹佰元	250	25 000.00	壹元	8	8.00
伍拾元	20	1 000.00	伍角	2	1.00
壹拾元	10	100.00	贰角	1	0.20
伍　元	20	100.00	壹角	4	0.40
贰　元	3	6.00	分币	17	0.60

收款人：施　红　　　　　　　　交款人：黄　霞

中国工商银行上海市分行支票

支票号码：BE745631

出票日期：贰零壹捌年壹拾贰月贰拾日　　　　开户行名称：工行杨浦国分处

收款人：信谊百货公司　　　　出票人账号：284－71236185

人民币(大写)	千	百	十	万	千	百	十	元	角	分
贰仟肆佰伍拾柒元整				¥	2	4	5	7	0	0

用途　货款

上列款项请从

我账户内支付

出票人签章

上海海益有限责任公司章

玲梅 印玮

复核

记账

验印

经济业务(58)

上海增值税专用发票

3100189028　　　　No. 03185071

此联不作报销、扣税凭证使用

(全国统一发票监制章 国家税务总局监制)

开票日期：2018年12月26日

购货单位	名　　称：金山文化用品公司 纳税人识别号：227800451207021 地 址、电 话：金山石化路1530号 开户行及账号：工行金山分行二营101178906	密码区	2182(　)8÷×0　　版本：01 +2464*434−3　　3100119028 ×491+5(　)12　　03185072

货物或应税劳务名称	规格型号	单位	数量	单价	金额	税率	税额
永胜水笔		支	280	50.00	¥14 000.00	16%	¥2 240.00
合　　计					¥14 000.00		¥2 240.00
价税合计(大写)	壹万陆仟贰佰肆拾元整				(小写)¥16 240.00		

销货单位	名　　称：信谊百货公司 纳税人识别号：310105207113040 地 址、电 话：上海花园路1307号；021-62510039 开户行及账号：中行上海分行023-17693	备注	

国税函[2018]1285号上海印钞厂

第一联：记账联　销售方记账凭证

收款人：张婷婷　　复核：赵　君　　开票人：陈哲仁　　销货单位：(章) 信谊百货公司 发票专用章

经济业务(59)

上海市企业单位统一收据

发票代码：2816210
发票号码：1281128
2018年12月26日

交款单位 信谊百货公司

人民币(大写) 陆佰元整　　¥600.00

系　付退押金

现金	
支票	✓
付委	

②收据联

收款单位(盖章有效) 兴安百货公司 财务专用章　　财务 张春芳　　经手人 朱健铭

经济业务(60)

邮 中国银行托收承付凭证(收账通知)　4

第　　号

托收号码：

委托日期：2018年12月22日

承付期限
到期 2018年12月26日

付款人	全称	南通日用百货公司	收款人	全称	信谊百货公司	
	账号或地址	37645007		账号	023-17693	
	开户银行	建行南通支行		开户银行	中行上海分行	行号
托收金额	人民币(大写)壹拾陆万壹仟捌佰贰拾元整				千百十万千百十元角分	¥16182000
附件		商品发运情况		合同名称号码		
附寄单证张数或册数				#1713		
备注：	上列款项已由付款人开户行全额划回并收入你方账户内 此致 收款人 中国银行上海分行业务章 2018.12.27 (收款人开户行盖章)　年　月　日			科目 对方科目 转账 20　年　月　日 单位主管　会计 复核　记账		

付款人开户行收到日期 2018年12月22日　　　支付日期 2018年12月26日

此联是收款人开户银行在款项收妥后给收款人的收账通知

① 托收承付结算全部/部分拒绝承付理由书(代回单或支款通知)

拒付日期 2018年12月27日　　　原托收号码：

收款单位	全称	信谊百货公司		付款单位	全称	南通日用百货公司	
	账号	023-17693			账号	37645007	
	开户银行	中行上海分行	行号		开户银行	建行南通支行	行号
原托金额	161 820.00	拒付金额	16 820.00	部分承付金额	千百十万千百十元角分	¥14500000	
附寄单证	张	部分承付金额(大写)	壹拾肆万伍仟元整				
拒付理由： 款式与合同不符 (付款单位签章)							
银行意见： 中国银行上海分行业务章 2018.12.27 (银行签章)　年　月　日							

(退拒付或付款单位)

江苏省税务局

企业进货退出及索取折让证明单

No.

销货单位	全　称	信谊百货公司				
	税务登记号	310105207113040				
进货退出	货物名称		单价	数量	货款	税额
	女式羊毛内衣——大号		120	40	4 800.00	768.00
	女式羊毛内衣——中号		110	70	7 700.00	1 232.00
	女式羊毛内衣——小号		100	20	2 000.00	320.00
索取折让	货物名称		货款	税额	要求	
					折让金额	折让税额
退货或索取折让理由	款式与合同不符 经办人：包启迪 南通日用百货公司财务专用章 单位签章： 2018 年 12 月 23 日		税务征收机关签章	经办人：赵　卫　南通税务所业务专用章 2018 年 12 月 25 日		
购货单位	全　称	南通日用百货公司				
	税务登记号	245670002210178				

本证明单一式三联：
第一联，征收机关留存；第二联，交销货单位；第三联，购货单位留存。

上海增值税专用发票

3100189028　　　　No. 03185072

此联不作报销、扣税凭证使用

全国统一发票监制章 国家税务总局监制

开票日期：2018 年 12 月 27 日

国税函[2018]1285 号上海印钞厂

购货单位	名　称：南通日用百货公司 纳税人识别号：330507526621151 地址、电话：南通市朝阳路 283 号 开户行及账号：工行市支行 1016169718				密码区	2761(　)5÷×0 +2535*464−1 ×393+1(　)51	版本：01 3100119028 03185073
货物或应税劳务名称	规格型号	单位	数量	单价	金额	税率	税额
女式羊毛内衣(大号)	L	套	40	120.00	¥4 800.00	16%	¥768.00
女式羊毛内衣(中号)	M	套	70	110.00	¥7 700.00	16%	¥1 232.00
女式羊毛内衣(小号)	S	套	20	100.00	¥2 000.00	16%	¥320.00
合　计					¥14 500.00		¥2 320.00
价税合计(大写)	壹万陆仟捌佰贰拾元整				(小写)¥16 820.00		
销货单位	名　称：信谊百货公司 纳税人识别号：310105207113040 地址、电话：上海花园路 1307 号；021－62510039 开户行及账号：中行上海分行 023－17693				备注		

第一联：记账联　销售方记账凭证

收款人：张婷婷　　复核：赵　君　　开票人：陈哲仁　　销货单位：(章) 信谊百货公司发票专用章

经济业务(61)

上海增值税专用发票

3100189028　　　　No. 03185074

此联不作报销、扣税凭证使用

（印章：全国统一发票监制章 国家税务总局监制）

开票日期：2018年12月27日

国税函[2018]1285号上海印钞厂

购货单位	名　　称：无锡百货公司 纳税人识别号：170002357813321 地 址、电 话：长汶路476号;27843222 开户行及账号：工行无锡支行463408				密码区	2676(　)7÷×1 +2767*375−1 ×294+3(　)46	版本：01 3100119028 03185074
货物或应税劳务名称	规格型号	单位	数量	单价	金额	税率	税额
男式羊毛内衣(中号)	M	套	80	140	¥11 200.00	16%	¥1 792.00
女式羊毛内衣(中号)	M	套	60	110	¥6 600.00	16%	¥1 056.00
合　计					¥17 800.00		¥2 848.00
价税合计(大写)	贰万零陆佰肆拾捌元整					(小写)¥20 648.00	
销货单位	名　　称：信谊百货公司 纳税人识别号：310105207113040 地 址、电 话：上海花园路1307号;021－62510039 开户行及账号：工行黄浦支行216－03193201				备注		

第一联：记账联 销售方记账凭证

收款人：张婷婷　　复核：赵　君　　开票人：陈哲仁　　销货单位：(章) 信谊百货公司 发票专用章

中国工商银行

银行汇票 2

ⅥⅡ00148782

第　　号

出票日期(大写)　贰零壹捌年壹拾贰月壹拾玖日	代理付款行：工行无锡支行　　行号：
收款人：信谊百货公司	账号：216－03193201
出票金额　人民币(大写)　贰万贰仟元整	

实际结算金额 人民币(大写)	千	百	十	万	千	百	十	元	角	分
贰万零陆佰肆拾捌元整			¥	2	0	6	4	8	0	0

申请人：无锡百货公司　　账号或住址：463408

出票行：工行无锡支行

备　注：货款

凭票付款　（印章：中国工商银行无锡支行业务章 2018.12.19）

出票行签章

多余金额									
千	百	十	万	千	百	十	元	角	分
		¥	1	3	5	2	0	0	

科目(借)

对方科目(贷)

兑付日期　　年　月　日

复核　　记账

此联代理付款行付款后作联行往账借方凭证附件

中国工商银行

银行汇票(解讫通知) 3

ⅥⅡ00148782
第 号

出票日期(大写) 贰零壹捌年壹拾贰月壹拾玖日

代理付款行：工行无锡支行 行号：

收款人：信谊百货公司 账号：216－03193201

出票金额 人民币(大写) 贰万贰仟元整

实际结算金额 人民币(大写)	千	百	十	万	千	百	十	元	角	分
贰万零陆佰肆拾捌元整			¥	2	0	6	4	8	0	0

申请人：无锡百货公司 账号或住址：463408

出票行：工行无锡支行

备 注：货款

代理付款行盖章 中国工商银行无锡支行业务章 2018.12.19

复核 经办

多余金额									
千	百	十	万	千	百	十	元	角	分
			¥	1	3	5	2	0	0

科目(贷)

对方科目(借)

转账日期 年 月 日

复核 记账

此联代理付款行兑付后随报单寄出票行，由出票行作多余款贷方凭证

经济业务(62)

上海增值税普通发票

3100183320 No. 22070129

全国统一发票监制章 国家税务总局监制 发票联

开票日期：2018年12月28日

购货方	名 称：信谊百货公司 纳税人识别号：310105207113040 地 址、电 话：上海花园路1307号；021－62510039 开户行及账号：工行黄浦支行216－03193201	密码区	/925=〈98290102/0804/3990814054〈28643+〉 6293645 1380*〉3100121026 〈34*3927〉〈−8231 02943754 TRUE 210〈−+〈−+28*3927/〈−37=−926〉7-9

货物或应税劳务名称	规格型号	单位	数量	单价	金额	税率	税额
餐饮消费		元		2 676.04	2 676.04	6%	160.56
合 计					¥2 676.04		¥160.56
价税合计(大写)	贰仟捌佰叁拾陆元陆角整				(小写) ¥2 836.60		

销货单位	名 称：上海青山饭店 纳税人识别号：310106004364328 地 址、电 话：上海市向阳路4328号 021－54308899 开户行及账号：工行徐汇分行5423168	备注	上海青山饭店 310106004364328 发票专用章

收款人： 复核： 开票人：梁菲菲 销货单位：(章)

国税函〔2018〕1285号上海印钞厂

第三联：发票联 购买方记账凭证

经济业务(66)

固定资产盘盈盘亏报告单

部门：信谊百货商场　　　　2018年12月31日　　　　第0018号

固定资产类别	固定资产名称	盘盈			盘亏			毁损		
		数量	重置价值	估计折旧	数量	原价	已提折旧	数量	原价	已提折旧
管理设备	空调				1	6 200	1 984			
合计										

原因：保管不善被盗	审批意见：批准转入营业外支出 分管副经理：李俊 2018年12月31日	单位盖章 信谊百货公司 财务专用章

第二联

财务负责人：李　军　　　　复核：王　强　　　　制表：李　莉

经济业务(67)

上海增值税专用发票

3100189028　　　　No. 02185065

全国统一发票监制章 发票联 国家税务总局监制

开票日期：2018年12月31日

购货单位	名　　称：信谊百货公司 纳税人识别号：310105207113040 地 址、电 话：上海花园路1307号;021－62510039 开户行及账号：工行黄浦支行216－03193201	密码区	2941(　)7÷×0 ＋3132＊544－2 ×487＋5(　)39	版本：01 3100119028 02185065

货物或应税劳务名称	规格型号	单位	数量	单价	金额	税率	税额
隆力奇纯蛇粉		盒	40	10.25	¥410.00	16%	¥65.60
中华多宝口服液		盒	50	9.20	¥460.00	16%	¥73.60
太太口服液		盒	80	23.60	¥1 888.00	16%	¥302.08
合　计					¥2 758.00		¥441.28
价税合计(大写)	叁仟壹佰玖拾玖元贰角捌分				(小写)¥3 199.28		

销货单位	名　　称：上海神力医药品公司 纳税人识别号：310108532643121 地 址、电 话：上海康定路1008号;021－62532145 开户行及账号：工行静安支行316－05648213	备注	

国税函〔2018〕1285号上海印钞厂

第三联：发票联　购买方记账凭证

收款人：沈　敏　　复核：周　玲　　开票人：李　东　　销货单位：(章)　上海神力医药品公司 发票专用章

3100189028　　上海增值税专用发票　　No. 02185067

全国统一发票监制章 发票联 国家税务总局监制

开票日期：2018年12月31日

购货单位	名称：信谊百货公司 纳税人识别号：310105207113040 地址、电话：上海花园路1307号；021-62510039 开户行及账号：工行黄浦支行216-03193201			密码区	2848( )6÷×2 版本：01 +2747＊441-4 3100119028 ×345+6( )71 02185067		
货物或应税劳务名称	规格型号	单位	数量	单价	金额	税率	税额
鹰牌洋参丸	10克	盒	30	42.00	¥1 260.00	16%	¥201.60
神象牌西洋参片	10克	盒	30	62.90	¥1 258.00	16%	¥201.28
合　计					¥2 518.00		¥402.88
价税合计(大写)	贰仟玖佰贰拾元捌角捌分				(小写) ¥2 920.88		
销货单位	名称：上海神力医药品公司 纳税人识别号：310108532643121 地址、电话：上海康定路1008号；021-62532145 开户行及账号：工行静安支行			备注			

收款人：沈　敏　　复核：周　玲　　开票人：李　东　　销货单位：(章) 上海神力医药品公司 发票专用章

国税函[2018]1285号上海印钞厂

第三联：发票联　购买方记账凭证

经济业务(68)

商品销售日报表

经营单位：信谊百货商场　　2018年12月31日

商品类别	品名或规格	计量单位	数　量	单　价	金　额	备　注
家电	双鹿无氟180升电冰箱	台	7	2 457.00	15 479.10	按90%优惠
	太阳神牌1000W热油汀	台	1	292.44	263.20	按90%优惠
	太阳神牌2000W热油汀	台	40	468.00	16 848.00	按90%优惠
	水仙牌8升热水器	台	14	936.00	11 793.60	按90%优惠
	小　计				44 383.90	
黄金饰品	沪产24K项链	件	2	3 257.40	6 514.80	
	沪产24K耳环	件	5	651.48	2 781.35	
	小　计				9 296.15	
合　计					53 680.05	

复核：沈仪君　　制表：黄　军

商品销售日报表

经营单位：信谊超市　　2018年12月31日

商品类别	金　额	备　注
食品	37 778.24	
补品	20 987.93	
冷冻食品	25 185.56	
合　计	83 951.73	

复核：李　倩　　制表：黄　霞

内部交款单

交款单位：信谊百货商场　　　　2018年12月31日

交款项目	交款金额分析	金　　额
销货款	现金	49 260.05
销货款	支票1张	4 420.00
合　计	人民币(大写)伍万叁仟陆佰捌拾元零伍分	53 680.05

复核：施　红　　　　制单：黄　军

内部交款单

交款单位：信谊超市　　　　2018年12月31日　　　　编号

交款项目	交款金额分析	金　　额
销货款	现金	79 951.73
销货款	支票1张	4 000.00
合　计	人民币(大写)捌万叁仟玖佰伍拾壹元柒角叁分	83 951.73

复核：施　红　　　　制单：黄　霞

商品盘点溢缺报告单

填报单位：信谊超市　　　　2018年12月31日

类　别	账面金额	实存金额	溢　余	短　缺	原　因
食品类	495 078.26	494 918.26		160.00	待查
审批意见				处理意见	待查明原因后处理

第一联

负责人：　　　会计：　　　复核：王　颖　　　制单：周　艳

现金交款单

2018年12月31日

交款单位：信谊超市　　　　交款金额人民币（大写）柒万玖仟玖佰伍拾壹元柒角叁分

票面值	张数	金额	票面值	张数	金额
壹佰元	640	64 000.00	壹元	3	3.00
伍拾元	280	14 000.00	伍角	2	1.00
壹拾元	180	1 800.00	贰角	5	1.00
伍元	28	140.00	壹角	20	2.00
贰元	2	4.00	分币	16	0.73

收款人：施　红　　　　交款人：黄　霞

现金交款单

2018年12月31日

交款单位：信谊百货商场　　　　交款金额人民币（大写）肆万玖仟贰佰陆拾元零伍分

票面值	张数	金额	票面值	张数	金额
壹佰元	437	43 700.00	壹元	42	42.00
伍拾元	90	4 500.00	伍角	2	1.00
壹拾元	78	780.00	贰角	6	1.20
伍元	25	125.00	壹角	7	0.70
贰元	55	110.00	分币	8	0.15

收款人：施　红　　　　交款人：黄　军

中国工商银行上海市分行支票

支票号码：BE235689

出票日期：贰零壹捌年壹拾贰月叁拾壹日　　　　开户行名称：工行静安万分处

收款人：信谊百货公司　　　　出票人账号：147－8264007

人民币（大写）	千	百	十	万	千	百	十	元	角	分
肆仟元整				¥	4	0	0	0	0	0

用途　货款

上列款项请从

我账户内支付

出票人签章

上海利多贸易有限公司章

沈英印

复核

记账

验印

中国工商银行上海市分行支票

支票号码:AE256782

出票日期:贰零壹捌年壹拾贰月叁拾壹日　　开户行名称:工行黄浦淮分处

收款人:信谊百货公司　　出票人账号:258－6213034

人民币(大写)	千	百	十	万	千	百	十	元	角	分
肆仟肆佰贰拾元整				¥	4	4	2	0	0	0

用途 货款

上列款项请从

我账户内支付

出票人签章

上海伊斯利实业公司章

荣菲印

复核

记账

验印

经济业务(70)

保险费计算表

2018年12月

计提项目	计提基数	计提率	计提金额	借记账户	贷记账户
医疗保险费	上年月平均工资(66 350.51元)	12%	7 962.06	管理费用	应付职工薪酬
工伤保险费	上年月平均工资(66 350.51元)	0.5%	331.75	管理费用	应付职工薪酬
生育保险费	上年月平均工资(66 350.51元)	0.5%	331.75	管理费用	应付职工薪酬
合　计			8 625.56		

经济业务(71)

固定资产折旧计算汇总表

2018年12月

固定资产类别	使用部门	上月计提		上月增加原值	本月增加折旧额	上月减少原值	本月减少折旧额	本月计提	
		原值	折旧额					原值	折旧额
房屋建筑物	百货公司	672 000	1 536					672 000	1 536
	百货商场	1 120 000	2 560					1 120 000	2 560
	超　市	2 688 000	7 644					2 688 000	7 644
	小　计	4 480 000	11 740					4 480 000	11 740
经营设备	百货商场	457 500	5 203.38			7 500	60	450 000	5 143.38
	超　市	352 000	2 816					352 000	2 816
	小　计	809 500	8 019.38			7 500	60	802 000	7 959.38
管理设备	百货公司	280 000	4 480			36 000	327.91	244 000	4 152.09
合　计		5 569 500	24 239.38			43 500	387.91	5 526 000	23 851.47

经济业务(72)

低值易耗品报废申请单

2018年12月28日

名称及规格	数　　量	单位成本	总成本	已摊销金额	账面净值	报废原因
货架	3个	185.00	555.00	277.50	277.50	框架断裂,不能修复。无残值。
领导审批意见	按财务制度规定转销。　　副经理：沈　军　　2018年12月31日					

财务主管：崔敏慧　　　　制单：张一明

经济业务(74)

包装物出库单

2018年12月15日　编号078

领用单位：兴安百货公司				用途：出租						
名 称 及 规 格	单　　位	数　　量	单　　价	金　　额						
				万	千	百	十	元	角	分
塑料桶	只	180	10		1	8	0	0	0	0
合　　计		180		¥	1	8	0	0	0	0

财会记账联

审核：刘　琪　　　　领用人：李丁民

经济业务(78)

发　货　单

No. 189201

购货单位嘉定百货公司　　2018年12月9日

商品类别	名　称　及　规　格	计量单位	数　　量
百货	铝壳气压保温瓶 爱德牌500W电饭煲 不锈钢餐具	只 只 套	5 000 300 200

单位主管：沈　军　　　　发货人：曹　敏

发 货 单

No. 189202

购货单位昆山百货公司　　2018年12月13日

商品类别	名 称 及 规 格	计量单位	数 量
百货	铝壳气压保温瓶	只	2 700
	铁壳保温瓶	只	1 900
	爱德牌500W电饭煲	只	250
	男式羊毛内衣——大号	套	30
	——中号	套	150
	女式羊毛内衣——中号	套	170

单位主管：沈　军　　发货人：曹　敏

发 货 单

No. 189203

购货单位立信股份有限公司　　2018年12月15日

商品类别	名 称 及 规 格	计量单位	数 量
文具用品	永胜水笔	支	200

单位主管：沈　军　　发货人：曹　敏

发 货 单

No. 189204

购货单位青浦文化用品商店　　2018年12月15日

商品类别	名 称 及 规 格	计量单位	数 量
文具用品	永胜水笔	支	600
	TRULY 计算器	只	100
	好儿童书包	只	260

单位主管：沈　军　　发货人：曹　敏

发 货 单

No. 189205

购货单位上海金山日用品公司　　2018年12月18日

商品类别	名 称 及 规 格	计量单位	数 量
百货	铝壳气压保温瓶	只	900
	铁壳保温瓶	只	500

单位主管：沈 军　　发货人：曹 敏

发 货 单

No. 189206

购货单位南通日用百货公司　　2018年12月22日

商品类别	名 称 及 规 格	计量单位	数 量
百货	铝壳气压保温瓶	只	1 800
	铁壳保温瓶	只	800
	爱德牌500W电饭煲	只	200
	女式羊毛内衣——大号	套	40
	——中号	套	70
	——小号	套	20

单位主管：沈 军　　发货人：曹 敏

发 货 单

No. 189207

购货单位金山文化用品公司　　2018年12月26日

商品类别	名 称 及 规 格	计量单位	数 量
文具用品	永胜水笔	支	280

单位主管：沈 军　　发货人：曹 敏

退　货　单

No. 000038

退货单位南通日用百货公司　　　　2018年12月27日

商品类别	名　称　及　规　格	计量单位	数　量
百货	女式羊毛内衣——大号	套	40
	——中号	套	70
	——小号	套	20

单位主管：沈　军　　　　发货人：曹　敏

发　货　单

No. 189208

购货单位无锡百货公司　　　　2018年12月27日

商品类别	名　称　及　规　格	计量单位	数　量
百货	男式羊毛内衣——中号	套	80
	女式羊毛内衣——中号	套	60

单位主管：沈　军　　　　发货人：曹　敏

经济业务(81)

商品盘点溢缺报告单

填报单位:信谊超市　　　　2018年12月31日

类　别	账面金额	实存金额	溢　余	短　缺	原　　因
食品类	495 078.26	494 918.26		160.00	责任事故
审批意见		批准转销		处理意见	当事人赔偿40元，其余作经营损失。

第二联

负责人：　　　　会计：　　　　复核:王　颖　　　　制单:周艳

经济业务(82)

账龄分析及坏账估算表

2018年12月31日　　　　金额单位：元

账　龄	应收账款余额	估计坏账率	估计坏账金额	其他应收款余额	估计坏账率	估计坏账金额
半年以内	1 481 198.20	2%	29 623.96	640.00	2%	12.80
半年至一年	1 044 283.80	5%	52 214.19			
一年至两年	247 588.00	20%	49 517.60			
两年至三年						
三年以上						
合　计	2 773 710.00		131 355.75	640.00		12.80

经济业务(83)

成本与可变现净值比较表

2018年12月31日　　　　金额单位：元

存货名称	成　本	可变现净值	可变现净额小于成本的差额
保温瓶——气压式	266 000.00	264 800.00	1 200.00
爱德500W电饭煲	566 250.00	564 180.00	2 070.00
补品类	12 960.83	11 320.64	1 640.19
合　计	845 210.83	840 300.64	4 910.19

七、编制及分析年度财务报表的有关资料

本部分提供的资料主要包括利润表各项目1～11月份的累计发生额、资产负债表各项目的年初数(已填入资产负债表的“年初数”栏内)以及现金流量表各项目1～11月份的累计发生额(正表部分已填入现金流量表台账)。除此之外,还应根据12月份发生经济业务所作的账务处理。

(一) 现金流量表各项目1～11月份累计发生额

现金流量表台账

账页名称：经营活动现金流入

2018年		凭证号码	摘　要	金　额	明　细　项　目		
月	日				销售商品、提供劳务	税　费	其　他
11	30		本年累计	12 671 255.75	12 566 563.65		104 692.10

现金流量表台账

账页名称：经营活动现金流出

2018年		凭证号码	摘要	金额	明细项目			
月	日				购买商品、接受劳务	职工支出	税费	其他
11	30		本年累计	11 929 071.89	10 310 077.71	955 238.83	454 541.14	209 214.21

现金流量表台账

账页名称：投资活动现金流入

2018年		凭证号码	摘要	金额	明细项目			
月	日				收回投资	投资收益	处置固定资产、无形资产和其他长期资产	其他
11	30		本年累计	144 000		144 000		

现金流量表台账

账页名称：投资活动现金流出

2018年		凭证号码	摘要	金额	明细项目		
月	日				购建固定资产、无形资产和其他资产	投资	其他
11	30		本年累计	155 900	155 900		

现金流量表台账

账页名称：筹资活动现金流入

2018年		凭证号码	摘要	金额	明细项目		
月	日				吸收投资	借款	其他
11	30		本年累计	350 000		350 000	

现金流量表台账

账页名称：筹资活动现金流出

2018年		凭证号码	摘要	金额	明细项目		
月	日				偿还债务	分配股利、利润或偿还利息	其他
11	30		本年累计	983 936.50	744 500.00	239 436.50	

现金流量表补充资料

项　　　　　　　　目	金　　额
1. 将净利润调节为经营活动的现金流量	
净利润	736 377.23
加：资产减值准备	4 298.81
固定资产折旧	153 361.90
无形资产摊销	9 312.00
长期待摊费用摊销	5 307.00
处置固定资产、无形资产和其他长期资产的损失(收益以“—”号填列)	−85 796.22
固定资产报废损失(收益以“—”号填列)	1 920.00
公允价值变动损失(收益以“—”号填列)	
财务费用(收益以“—”号填列)	54 320.50
投资损失(收益以“—”号填列)	−44 000.00
递延所得税资产减少(增加以“—”号填列)	
递延所得税负债增加(减少以“—”号填列)	
存货的减少(增加以“—”号填列)	418 032.31
经营性应收项目的减少(增加以“—”号填列)	−253 786.56
经营性应付项目的增加(减少以“—”号填列)	−257 163.11
其他	
经营活动产生的现金流量净额	742 183.86
2. 不涉及现金收支的重大投资和筹资活动	
债务转为资本	
一年内到期的可转换公司债券	
融资租入固定资产	
3. 现金及现金等价物净变动情况	
现金的期末余额	439 686.19
减：现金的期初余额	343 338.83
加：现金等价物的期末余额	
减：现金等价物的期初余额	
现金及现金等价物净增加额	96 347.36

(二) 利润表各项目1～11月份累计发生额

利 润 表

会企02表

编制单位：信谊百货公司　　2018年11月　　单位：元

项　　目	本月发生额	本年累计发生额
一、营业收入		12 926 344.65
减：营业成本		10 551 107.52
税金及附加		8 684.00
销售费用		724 064.26
管理费用	（略）	775 326.90
研发费用		
财务费用		42 271.10
其中：利息费用		297 388.07
利息收入		262 779.86
资产减值损失		
加：其他收益		
投资收益(损失以“—”号填列)		44 000.00
其中：对联营企业和合营企业的投资收益		
公允价值变动收益(损失以“—”号填列)		
资产处置收益(损失以“—”号填列)		
二、营业利润(亏损以“—”号填列)		868 890.87
加：营业外收入		119 918.44
减：营业外支出		6 973.00
三、利润总额(亏损总额以“—”号填列)		981 836.31
减：所得税费用		245 459.08
四、净利润(净亏损以“—”号填列)		736 377.23
(一) 持续经营净利润(净亏损以“—”号填列)		
(二) 终止经营净利润(净亏损以“—”号填列)		
五、其他综合收益的税后净额		
(一) 不能重分类进损益的其他综合收益		
1. 重新计量设定受益计划变动额		
2. 权益法下不能转损益的其他综合收益		
……		
(二) 将重分类进损益的其他综合收益		
1. 权益法下可转损益的其他综合收益		
2. 可供出售金融资产公允价值变动损益		
3. 持有至到期投资重分类为可供出售金融资产损益		
4. 现金流量套期损益的有效部分		
5. 外币财务报表折算差额		
……		
六、综合收益总额		736 377.23
七、每股收益：		
(一) 基本每股收益		
(二) 稀释每股收益		

（三）资产负债表各项目年初数

资　产　负　债　表

会企 01 表

编制单位：　　　　　　　　2018 年 1 月 1 日　　　　　　　　单位：元

资　　产	期末余额	年初余额	负债和所有者权益（或股东权益）	期末余额	年初余额
流动资产：			流动负债：		
货币资金		343 338.83	短期借款		1 024 500.00
以公允价值计量且其变动计入当期损益的金融资产			以公允价值计量且其变动计入当期损益的金融负债		
应收票据及应收账款		3 439 822.68	应付票据及应付账款		2 294 539.40
预付款项			预收款项		75 000.00
其他应收款			应付职工薪酬		44 534.34
存货		1 811 502	应交税费		69 705.73
持有待售资产			其他应付款		201 154.74
一年内到期的非流动资产			持有待售负债		
其他流动资产			一年内到期的非流动负债		300 000.00
流动资产合计		5 594 663.51	其他流动负债		
非流动资产：			流动负债合计		4 009 434.21
可供出售金融资产			非流动负债：		
持有至到期投资			长期借款		
长期应收款			应付债券		
长期股权投资		2 200 000	长期应付款		
投资性房地产			预计负债		
固定资产		5 289 395.80	递延收益		
在建工程			递延所得税负债		
生产性生物资产			其他非流动负债		
油气资产			非流动负债合计		
无形资产		88 818	负债合计		4 009 434.21
开发支出			所有者权益（或股东权益）：		
商誉			实收资本（或股本）		8 000 000.00
长期待摊费用		35 776.28	资本公积		340 000.00
递延所得税资产		3 652.33	减：库存股		
其他非流动资产			其他综合收益		
非流动资产合计		7 617 642.41	盈余公积		484 477.96
			未分配利润		378 393.75
			所有者权益（或股东权益）合计		9 202 871.71
资产总计		13 212 305.92	负债和所有者权益（或股东权益）总计		13 212 305.92

(四) 计算有关财务指标的要求与提示

要求计算结果精确到 0.01。

财务指标名称	计算过程	提示
(1) 毛利率(综合)		
(2) 销售利润率		
(3) 总资产报酬率		$\frac{\text{利润总额}+\text{利息支出}}{\text{平均资产总额}}\times100\%$
(4) 净资产收益率		此处收益指净利润
(5) 资本保值增值率		$\frac{\text{期末所有者权益总额}}{\text{期初所有者权益总额}}\times100\%$
(6) 资产负债率		
(7) 流动比率		
(8) 速动比率		
(9) 应收账款周转率		此处用应收账款余额 年初应收账款余额为 2 921 864 元
(10) 存货周转率		此处用存货余额 年初存货余额为 1 815 800.81 元

八、空白原始凭证、计算表、科目汇总表及财务报表(由本模拟实习提供)

(一)中国工商银行支票18张、中国银行支票1张(包括备用数)

中国工商银行上海市分行	中国工商银行上海市分行支票　支票号码：
支票号码：	
出票日期　年　月　日	出票日期　年　月　日　开户行名称：
	收款人：　出票人账号：
	人民币(大写)　千 百 十 万 千 百 十 元 角 分
	用途
	上列款项请从我账户内支付　复核
收款人：	出票人签章　记账
金　额：	验印
用　途：	

中国工商银行上海市分行	中国工商银行上海市分行支票　支票号码：
支票号码：	
出票日期　年　月　日	出票日期　年　月　日　开户行名称：
	收款人：　出票人账号：
	人民币(大写)　千 百 十 万 千 百 十 元 角 分
	用途
	上列款项请从我账户内支付　复核
收款人：	出票人签章　记账
金　额：	验印
用　途：	

中国工商银行上海市分行

支票号码：

出票日期　　年　月　日

收 款 人：

金　　额：

用　　途：

中国工商银行上海市分行支票

支票号码：

出票日期　　年　月　日　　开户行名称：

收款人：　　出票人账号：

人民币（大写）	千	百	十	万	千	百	十	元	角	分

用途______

上列款项请从

我账户内支付

出票人签章

复核

记账

验印

中国工商银行上海市分行

支票号码：

出票日期　　年　月　日

收 款 人：

金　　额：

用　　途：

中国工商银行上海市分行支票

支票号码：

出票日期　　年　月　日　　开户行名称：

收款人：　　出票人账号：

人民币（大写）	千	百	十	万	千	百	十	元	角	分

用途______

上列款项请从

我账户内支付

出票人签章

复核

记账

验印

中国工商银行上海市分行

支票号码：

出票日期　　年　月　日

收 款 人：

金　　额：

用　　途：

中国工商银行上海市分行支票

支票号码：

出票日期　　年　月　日　　开户行名称：

收款人：　　出票人账号：

人民币（大写）	千	百	十	万	千	百	十	元	角	分

用途______

上列款项请从

我账户内支付

出票人签章

复核

记账

验印

中国工商银行上海市分行

支票号码：

出票日期　　年　月　日

收 款 人：

金　额：

用　途：

中国工商银行上海市分行支票　支票号码：

出票日期　　年　月　日　　开户行名称：

收款人：　　出票人账号：

人民币（大写）	千	百	十	万	千	百	十	元	角	分

用途

上列款项请从

我账户内支付

出票人签章

复核

记账

验印

中国工商银行上海市分行

支票号码：

出票日期　　年　月　日

收 款 人：

金　额：

用　途：

中国工商银行上海市分行支票　支票号码：

出票日期　　年　月　日　　开户行名称：

收款人：　　出票人账号：

人民币（大写）	千	百	十	万	千	百	十	元	角	分

用途

上列款项请从

我账户内支付

出票人签章

复核

记账

验印

中国工商银行上海市分行

支票号码：

出票日期　　年　月　日

收 款 人：

金　额：

用　途：

中国工商银行上海市分行支票　支票号码：

出票日期　　年　月　日　　开户行名称：

收款人：　　出票人账号：

人民币（大写）	千	百	十	万	千	百	十	元	角	分

用途

上列款项请从

我账户内支付

出票人签章

复核

记账

验印

中国工商银行上海市分行

支票号码：

出票日期　　年　　月　　日

收 款 人：

金　　额：

用　　途：

中国工商银行上海市分行支票

支票号码：

出票日期　　年　　月　　日　　开户行名称：

收款人：　　出票人账号：

	千	百	十	万	千	百	十	元	角	分
人民币 （大写）										

用途____________

上列款项请从

我账户内支付

出票人签章

复核

记账

验印

中国工商银行上海市分行

支票号码：

出票日期　　年　　月　　日

收 款 人：

金　　额：

用　　途：

中国工商银行上海市分行支票

支票号码：

出票日期　　年　　月　　日　　开户行名称：

收款人：　　出票人账号：

	千	百	十	万	千	百	十	元	角	分
人民币 （大写）										

用途____________

上列款项请从

我账户内支付

出票人签章

复核

记账

验印

中国工商银行上海市分行

支票号码：

出票日期　　年　　月　　日

收 款 人：

金　　额：

用　　途：

中国工商银行上海市分行支票

支票号码：

出票日期　　年　　月　　日　　开户行名称：

收款人：　　出票人账号：

	千	百	十	万	千	百	十	元	角	分
人民币 （大写）										

用途____________

上列款项请从

我账户内支付

出票人签章

复核

记账

验印

中国工商银行上海市分行

支票号码：

出票日期　　年　　月　　日

收 款 人：

金　　额：

用　　途：

中国工商银行上海市分行支票　支票号码：

出票日期　　年　　月　　日　　开户行名称：

收款人：　　出票人账号：

人民币（大写）	千	百	十	万	千	百	十	元	角	分

用途＿＿＿＿＿＿

上列款项请从　　复核

我账户内支付　　记账

出票人签章　　验印

中国工商银行上海市分行

支票号码：

出票日期　　年　　月　　日

收 款 人：

金　　额：

用　　途：

中国工商银行上海市分行支票　支票号码：

出票日期　　年　　月　　日　　开户行名称：

收款人：　　出票人账号：

人民币（大写）	千	百	十	万	千	百	十	元	角	分

用途＿＿＿＿＿＿

上列款项请从　　复核

我账户内支付　　记账

出票人签章　　验印

中国工商银行上海市分行

支票号码：

出票日期　　年　　月　　日

收 款 人：

金　　额：

用　　途：

中国工商银行上海市分行支票　支票号码：

出票日期　　年　　月　　日　　开户行名称：

收款人：　　出票人账号：

人民币（大写）	千	百	十	万	千	百	十	元	角	分

用途＿＿＿＿＿＿

上列款项请从　　复核

我账户内支付　　记账

出票人签章　　验印

中国工商银行上海市分行

支票号码：

出票日期　　　年　　月　　日

收 款 人：

金　　额：

用　　途：

中国工商银行上海市分行支票

支票号码：

出票日期　　　年　　月　　日　　　　开户行名称：

收款人：　　　　　　　　　　　　　　出票人账号：

人民币（大写）	千	百	十	万	千	百	十	元	角	分

用途____________

上列款项请从

我账户内支付

出票人签章

复核

记账

验印

中国工商银行上海市分行

支票号码：

出票日期　　　年　　月　　日

收 款 人：

金　　额：

用　　途：

中国工商银行上海市分行支票

支票号码：

出票日期　　　年　　月　　日　　　　开户行名称：

收款人：　　　　　　　　　　　　　　出票人账号：

人民币（大写）	千	百	十	万	千	百	十	元	角	分

用途____________

上列款项请从

我账户内支付

出票人签章

复核

记账

验印

中国工商银行上海市分行

支票号码：

出票日期　　　年　　月　　日

收 款 人：

金　　额：

用　　途：

中国工商银行上海市分行支票

支票号码：

出票日期　　　年　　月　　日　　　　开户行名称：

收款人：　　　　　　　　　　　　　　出票人账号：

人民币（大写）	千	百	十	万	千	百	十	元	角	分

用途____________

上列款项请从

我账户内支付

出票人签章

复核

记账

验印

中国工商银行上海市分行

支票号码：

出票日期　　年　月　日

收 款 人：

金　　额：

用　　途：

中国工商银行上海市分行支票　　支票号码：

出票日期　　年　月　日　　开户行名称：

收款人：　　出票人账号：

人民币（大写）	千	百	十	万	千	百	十	元	角	分

用途＿＿＿＿＿＿

上列款项请从　　复核

我账户内支付　　记账

出票人签章　　验印

中国银行上海市分行

支票号码：

出票日期　　年　月　日

收 款 人：

金　　额：

用　　途：

中国银行上海市分行支票　　支票号码：

出票日期　　年　月　日　　开户行名称：

收款人：　　出票人账号：

人民币（大写）	千	百	十	万	千	百	十	元	角	分

用途＿＿＿＿＿＿

上列款项请从　　复核

我账户内支付　　记账

出票人签章　　验印

(二) 银行本票申请书 2 张

中国工商银行上海市分行签发本票　①

申　请　书(存　根)　AA 331262

申请日期　年　月　日

受款单位或个人名称________ 本票号码________

申请签发本票金额(大写)________

申请人名称________

申请人地址(或账号)________

申请人签章　银行出纳　复核　记账　验印

此联由申请签发单位或个人留存，代替记账凭证。

中国工商银行上海市分行签发本票　①

申　请　书(存　根)　AA 331263

申请日期　年　月　日

受款单位或个人名称________ 本票号码________

申请签发本票金额(大写)________

申请人名称________

申请人地址(或账号)________

申请人签章　银行出纳　复核　记账　验印

此联由申请签发单位或个人留存，代替记账凭证。

(三) 商品验收单 14 张(包括备用数)

商 品 验 收 单

供货单位： No. 620001
收货部门： 验收日期 年 月 日

商品类别	品 名	进 价				含税售价				进销差价
		单位	数量	单价	金额	单位	数量	单价	金额	
合 计										

收货人： 复核： 制单：

商 品 验 收 单

供货单位： No. 620002
收货部门： 验收日期 年 月 日

商品类别	品 名	进 价				含税售价				进销差价
		单位	数量	单价	金额	单位	数量	单价	金额	
合 计										

收货人： 复核： 制单：

商品验收单

供货单位：
收货部门：

验收日期　　　年　　月　　日

No. 620003

商品类别	品　　名	进　　价				含税售价				进销差价
		单位	数量	单价	金额	单位	数量	单价	金额	
合　　计										

收货人：　　　　　　　　　　复核：　　　　　　　　　　制单：

商品验收单

供货单位：
收货部门：

验收日期　　　年　　月　　日

No. 620004

商品类别	品　　名	进　　价				含税售价				进销差价
		单位	数量	单价	金额	单位	数量	单价	金额	
合　　计										

收货人：　　　　　　　　　　复核：　　　　　　　　　　制单：

商 品 验 收 单

供货单位：　　　　　　　　　　　　　　　　　　　　　　　　　No. 620005
收货部门：　　　　　　验收日期　　　年　　月　　日

商品类别	品　　名	进　　价				含税售价				进销差价
		单位	数量	单价	金额	单位	数量	单价	金额	
合　　计										

收货人：　　　　　　　　　　　　复核：　　　　　　　　　　　　制单：

商 品 验 收 单

供货单位：　　　　　　　　　　　　　　　　　　　　　　　　　No. 620006
收货部门：　　　　　　验收日期　　　年　　月　　日

商品类别	品　　名	进　　价				含税售价				进销差价
		单位	数量	单价	金额	单位	数量	单价	金额	
合　　计										

收货人：　　　　　　　　　　　　复核：　　　　　　　　　　　　制单：

商品验收单

供货单位：
收货部门：　　　　验收日期　　　年　　月　　日　　　No. 620007

商品类别	品　名	进　价				含税售价				进销差价
		单位	数量	单价	金额	单位	数量	单价	金额	
合　计										

收货人：　　　　复核：　　　　制单：

商品验收单

供货单位：
收货部门：　　　　验收日期　　　年　　月　　日　　　No. 620008

商品类别	品　名	进　价				含税售价				进销差价
		单位	数量	单价	金额	单位	数量	单价	金额	
合　计										

收货人：　　　　复核：　　　　制单：

商 品 验 收 单

供货单位：
收货部门：　　　　　验收日期　　　年　　月　　日　　　　No. 620009

<table>
<tr><td rowspan="2">商品类别</td><td rowspan="2">品　　名</td><td colspan="4">进　　价</td><td colspan="4">含税售价</td><td rowspan="2">进销差价</td></tr>
<tr><td>单位</td><td>数量</td><td>单价</td><td>金额</td><td>单位</td><td>数量</td><td>单价</td><td>金额</td></tr>
<tr><td></td><td></td><td></td><td></td><td></td><td></td><td></td><td></td><td></td><td></td><td></td></tr>
<tr><td></td><td></td><td></td><td></td><td></td><td></td><td></td><td></td><td></td><td></td><td></td></tr>
<tr><td></td><td></td><td></td><td></td><td></td><td></td><td></td><td></td><td></td><td></td><td></td></tr>
<tr><td></td><td></td><td></td><td></td><td></td><td></td><td></td><td></td><td></td><td></td><td></td></tr>
<tr><td></td><td></td><td></td><td></td><td></td><td></td><td></td><td></td><td></td><td></td><td></td></tr>
<tr><td></td><td></td><td></td><td></td><td></td><td></td><td></td><td></td><td></td><td></td><td></td></tr>
<tr><td colspan="2">合　　计</td><td></td><td></td><td></td><td></td><td></td><td></td><td></td><td></td><td></td></tr>
</table>

收货人：　　　　　　　　复核：　　　　　　　　制单：

商 品 验 收 单

供货单位：
收货部门：　　　　　验收日期　　　年　　月　　日　　　　No. 620010

<table>
<tr><td rowspan="2">商品类别</td><td rowspan="2">品　　名</td><td colspan="4">进　　价</td><td colspan="4">含税售价</td><td rowspan="2">进销差价</td></tr>
<tr><td>单位</td><td>数量</td><td>单价</td><td>金额</td><td>单位</td><td>数量</td><td>单价</td><td>金额</td></tr>
<tr><td></td><td></td><td></td><td></td><td></td><td></td><td></td><td></td><td></td><td></td><td></td></tr>
<tr><td></td><td></td><td></td><td></td><td></td><td></td><td></td><td></td><td></td><td></td><td></td></tr>
<tr><td></td><td></td><td></td><td></td><td></td><td></td><td></td><td></td><td></td><td></td><td></td></tr>
<tr><td></td><td></td><td></td><td></td><td></td><td></td><td></td><td></td><td></td><td></td><td></td></tr>
<tr><td></td><td></td><td></td><td></td><td></td><td></td><td></td><td></td><td></td><td></td><td></td></tr>
<tr><td></td><td></td><td></td><td></td><td></td><td></td><td></td><td></td><td></td><td></td><td></td></tr>
<tr><td colspan="2">合　　计</td><td></td><td></td><td></td><td></td><td></td><td></td><td></td><td></td><td></td></tr>
</table>

收货人：　　　　　　　　复核：　　　　　　　　制单：

商 品 验 收 单

供货单位：
收货部门：　　　　　　验收日期　　　　年　　月　　日　　　　No. 620011

商品类别	品　　名	进　　价				含税售价				进销差价
		单位	数量	单价	金额	单位	数量	单价	金额	
合　　计										

收货人：　　　　　　复核：　　　　　　制单：

商 品 验 收 单

供货单位：
收货部门：　　　　　　验收日期　　　　年　　月　　日　　　　No. 620012

商品类别	品　　名	进　　价				含税售价				进销差价
		单位	数量	单价	金额	单位	数量	单价	金额	
合　　计										

收货人：　　　　　　复核：　　　　　　制单：

商 品 验 收 单

供货单位：　　　　　　　　　　　　　　　　　　　　　　　　No. 620013
收货部门：　　　　验收日期　　　年　　月　　日

商品类别	品　　名	进　　价				含税售价				进销差价
		单位	数量	单价	金额	单位	数量	单价	金额	
合　　计										

收货人：　　　　　　　　复核：　　　　　　　　制单：

商 品 验 收 单

供货单位：　　　　　　　　　　　　　　　　　　　　　　　　No. 620014
收货部门：　　　　验收日期　　　年　　月　　日

商品类别	品　　名	进　　价				含税售价				进销差价
		单位	数量	单价	金额	单位	数量	单价	金额	
合　　计										

收货人：　　　　　　　　复核：　　　　　　　　制单：

(四) 现金解款单 6 张及进账单 13 张(包括备用数)

中国工商银行上海市分行现金解款单(回　单)　①

20　　年　　月　　日

收款人	全　称		解 款 人	
	账　号		款项来源	

人民币：(大写)

百	十	万	千	百	十	元	角	分

票 面	张 数	票 面	张 数	种 类	百	十	元	角	分
一百元		五元		角币					
五十元		二元		分币					
十　元		一元		封包					

(银行盖章)

客户须知：

本行办理现金收款，概以本行回单为准，谨请注意。

此联由银行盖章后退解款人

中国工商银行上海市分行现金解款单(回　单)　①

20　　年　　月　　日

收款人	全　称		解 款 人	
	账　号		款项来源	

人民币：(大写)

百	十	万	千	百	十	元	角	分

票 面	张 数	票 面	张 数	种 类	百	十	元	角	分
一百元		五元		角币					
五十元		二元		分币					
十　元		一元		封包					

(银行盖章)

客户须知：

本行办理现金收款，概以本行回单为准，谨请注意。

此联由银行盖章后退解款人

中国工商银行上海市分行现金解款单（回　单）　①

20　　年　　月　　日

收款人	全　称		解 款 人	
	账　号		款项来源	

人民币：（大写）	百	十	万	千	百	十	元	角	分

票 面	张 数	票 面	张 数	种 类	百	十	元	角	分		
一百元		五元		角币							客户须知：本行办理现金收款，概以本行回单为准，谨请注意。
五十元		二元		分币							
十　元		一元		封包							
										（银行盖章）	

此联由银行盖章后退解款人

中国工商银行上海市分行现金解款单（回　单）　①

20　　年　　月　　日

收款人	全　称		解 款 人	
	账　号		款项来源	

人民币：（大写）	百	十	万	千	百	十	元	角	分

票 面	张 数	票 面	张 数	种 类	百	十	元	角	分		
一百元		五元		角币							客户须知：本行办理现金收款，概以本行回单为准，谨请注意。
五十元		二元		分币							
十　元		一元		封包							
										（银行盖章）	

此联由银行盖章后退解款人

中国工商银行上海市分行现金解款单(回　单)　①

20　　年　　月　　日

收款人	全　称		解 款 人	
	账　号		款项来源	

人民币：(大写)	百	十	万	千	百	十	元	角	分

票面	张数	票面	张数	种类	百	十	元	角	分		
一百元		五元		角币							客户须知：本行办理现金收款，概以本行回单为准，谨请注意。
五十元		二元		分币							
十　元		一元		封包							
										(银行盖章)	

此联由银行盖章后退解款人

中国工商银行上海市分行现金解款单(回　单)　①

20　　年　　月　　日

收款人	全　称		解 款 人	
	账　号		款项来源	

人民币：(大写)	百	十	万	千	百	十	元	角	分

票面	张数	票面	张数	种类	百	十	元	角	分		
一百元		五元		角币							客户须知：本行办理现金收款，概以本行回单为准，谨请注意。
五十元		二元		分币							
十　元		一元		封包							
										(银行盖章)	

此联由银行盖章后退解款人

中国工商银行上海市(　　)进账单(回单)

①

科目：　　　　　　　　　　20　　年　　月　　日　　对方科目：

款项来源		收款人	全　称	
款项种类	票据(分页填写)		账　号	

人民币：(大写)	千	百	十	万	千	百	十	元	角	分

托收票据目录第 1 页	共　页	票据种类	金　　额								
付款单位账号	凭证号码		十	万	千	百	十	元	角	分	
											(收款银行盖章)

此联由银行盖章后退回单位

注意：(1)解入票据须俟收妥后方可用款
(2)本联于款项收妥后代收账通知

中国工商银行上海市(　　)进账单(回单)

①

科目：　　　　　　　　　　20　　年　　月　　日　　对方科目：

款项来源		收款人	全　称	
款项种类	票据(分页填写)		账　号	

人民币：(大写)	千	百	十	万	千	百	十	元	角	分

托收票据目录第 1 页	共　页	票据种类	金　　额								
付款单位账号	凭证号码		十	万	千	百	十	元	角	分	
											(收款银行盖章)

此联由银行盖章后退回单位

注意：(1)解入票据须俟收妥后方可用款
(2)本联于款项收妥后代收账通知

中国工商银行上海市(　　)进账单(回单)

①

科目：　　　　20　年　月　日　对方科目：

款项来源		收款人	全　称	
款项种类	票据(分页填写)		账　号	

人民币：(大写)	千	百	十	万	千	百	十	元	角	分

托收票据目录第1页	共　页	票据种类	金　额								
付款单位账号	凭证号码		十	万	千	百	十	元	角	分	
											(收款银行盖章)

此联由银行盖章后退回单位

注意：(1)解入票据须俟收妥后方可用款
(2)本联于款项收妥后代收账通知

中国工商银行上海市(　　)进账单(回单)

①

科目：　　　　20　年　月　日　对方科目：

款项来源		收款人	全　称	
款项种类	票据(分页填写)		账　号	

人民币：(大写)	千	百	十	万	千	百	十	元	角	分

托收票据目录第1页	共　页	票据种类	金　额								
付款单位账号	凭证号码		十	万	千	百	十	元	角	分	
											(收款银行盖章)

此联由银行盖章后退回单位

注意：(1)解入票据须俟收妥后方可用款
(2)本联于款项收妥后代收账通知

中国工商银行上海市(　　)进账单(回单)

①

科目：　　　　20　年　月　日　对方科目：

款项来源		收款人	全　称	
款项种类	票据(分页填写)		账　号	

人民币：(大写)	千	百	十	万	千	百	十	元	角	分

托收票据目录第1页	共　页	票据种类	金额								
付款单位账号	凭证号码		十	万	千	百	十	元	角	分	
											(收款银行盖章)

此联由银行盖章后退回单位

注意：(1)解入票据须俟收妥后方可用款
(2)本联于款项收妥后代收账通知

中国工商银行上海市(　　)进账单(回单)

①

科目：　　　　20　年　月　日　对方科目：

款项来源		收款人	全　称	
款项种类	票据(分页填写)		账　号	

人民币：(大写)	千	百	十	万	千	百	十	元	角	分

托收票据目录第1页	共　页	票据种类	金额								
付款单位账号	凭证号码		十	万	千	百	十	元	角	分	
											(收款银行盖章)

此联由银行盖章后退回单位

注意：(1)解入票据须俟收妥后方可用款
(2)本联于款项收妥后代收账通知

中国工商银行上海市（　　）进账单（回单）

①

科目：　　　　　　　　20　　年　　月　　日　　对方科目：

此联由银行盖章后退回单位

款项来源		收款人	全　称	
款项种类	票据（分页填写）		账　号	

人民币：（大写）	千	百	十	万	千	百	十	元	角	分

托收票据目录第 1 页	共　页	票据种类	金　　额								
付款单位账号	凭证号码		十	万	千	百	十	元	角	分	
											（收款银行盖章）

注意：（1）解人票据须俟收妥后方可用款
（2）本联于款项收妥后代收账通知

中国工商银行上海市（　　）进账单（回单）

①

科目：　　　　　　　　20　　年　　月　　日　　对方科目：

此联由银行盖章后退回单位

款项来源		收款人	全　称	
款项种类	票据（分页填写）		账　号	

人民币：（大写）	千	百	十	万	千	百	十	元	角	分

托收票据目录第 1 页	共　页	票据种类	金　　额								
付款单位账号	凭证号码		十	万	千	百	十	元	角	分	
											（收款银行盖章）

注意：（1）解人票据须俟收妥后方可用款
（2）本联于款项收妥后代收账通知

中国工商银行上海市(　　)进账单(回单)

①

科目：　　　　　　　　20　　年　　月　　日　　对方科目：

款项来源		收款人	全　称	
款项种类	票据(分页填写)		账　号	

人民币：(大写)	千	百	十	万	千	百	十	元	角	分

托收票据目录第 1 页	共　页	票据种类	金　额								
付款单位账号	凭证号码		十	万	千	百	十	元	角	分	
											(收款银行盖章)

此联由银行盖章后退回单位

注意：(1)解入票据须俟收妥后方可用款
(2)本联于款项收妥后代收账通知

中国工商银行上海市(　　)进账单(回单)

①

科目：　　　　　　　　20　　年　　月　　日　　对方科目：

款项来源		收款人	全　称	
款项种类	票据(分页填写)		账　号	

人民币：(大写)	千	百	十	万	千	百	十	元	角	分

托收票据目录第 1 页	共　页	票据种类	金　额								
付款单位账号	凭证号码		十	万	千	百	十	元	角	分	
											(收款银行盖章)

此联由银行盖章后退回单位

注意：(1)解入票据须俟收妥后方可用款
(2)本联于款项收妥后代收账通知

中国工商银行上海市(　　)进账单(回单)

①

科目：　　　　　　20　年　月　日　对方科目：

此联由银行盖章后退回单位

款项来源		收款人	全　称	
款项种类	票据(分页填写)		账　号	

人民币：(大写)	千	百	十	万	千	百	十	元	角	分

托收票据目录第1页	共　页	票据种类	金　额								
付款单位账号	凭证号码		十	万	千	百	十	元	角	分	
											(收款银行盖章)

注意：(1)解入票据须俟收妥后方可用款
(2)本联于款项收妥后代收账通知

中国工商银行上海市(　　)进账单(回单)

①

科目：　　　　　　20　年　月　日　对方科目：

此联由银行盖章后退回单位

款项来源		收款人	全　称	
款项种类	票据(分页填写)		账　号	

人民币：(大写)	千	百	十	万	千	百	十	元	角	分

托收票据目录第1页	共　页	票据种类	金　额								
付款单位账号	凭证号码		十	万	千	百	十	元	角	分	
											(收款银行盖章)

注意：(1)解入票据须俟收妥后方可用款
(2)本联于款项收妥后代收账通知

中国工商银行上海市(　　)进账单(回单)

①

科目：　　　　　　　　　　20　　年　　月　　日　　对方科目：

款项来源		收款人	全　称	
款项种类	票据(分页填写)		账　号	

人民币：(大写)	千	百	十	万	千	百	十	元	角	分

托收票据目录第 1 页	共　页	票据种类	金　额								
付款单位账号	凭证号码		十	万	千	百	十	元	角	分	
											(收款银行盖章)

此联由银行盖章后退回单位

注意：(1)解入票据须俟收妥后方可用款
(2)本联于款项收妥后代收账通知

(五) 银行汇票委托书 1 张

中国工商银行汇票委托书(存　　根)

① No. 2583216

委托日期 20　　年　　月　　日

汇款人				收款人	
账　号 或住址				账　号 或住址	
兑付地点	省　　市 县	兑付行		汇款用途	

汇　款 金　额	人民币 (大写)	千	百	十	万	千	百	十	元	角	分

备注：

科目______________

对方科目______________

财务主管：　　　复核：　　　经办：

此联由汇款人留存作记账凭证

(六) 商品进销存日报表 7 张

商品进销存日报表

经营单位： 年 月 日 单位:元 No. 00103

项目		金额						项目		金额					
		家电类	食品类	补品类	冷冻食品类	黄金饰品类	合计			家电类	食品类	补品类	冷冻食品类	黄金饰品类	合计
昨日结存								今日发出	销售						
今日收入	购进								短缺						
	溢余														
								今日结存							
本月销售计划		/	/	/	/	/	/	本月销售累计							

复核： 制表：

商品进销存日报表

经营单位： 年 月 日 单位:元 No. 00104

项目		金额						项目		金额					
		家电类	食品类	补品类	冷冻食品类	黄金饰品类	合计			家电类	食品类	补品类	冷冻食品类	黄金饰品类	合计
昨日结存								今日发出	销售						
今日收入	购进								短缺						
	溢余														
								今日结存							
本月销售计划		/	/	/	/	/	/	本月销售累计							

复核： 制表：

商品进销存日报表

经营单位：　　　　　　　　　　年　　月　　日　　　　单位:元　　　　No. 00105

项目		金额 家电类	食品类	补品类	冷冻食品类	黄金饰品类	合计	项目		金额 家电类	食品类	补品类	冷冻食品类	黄金饰品类	合计
昨日结存								今日发出							
今日收入	购进														
	溢余														
								今日结存							
本月销售计划		/	/	/	/	/	/	本月销售累计							

复核：　　　　　　　　　　　　　　　　制表：

商品进销存日报表

经营单位：　　　　　　　　　　年　　月　　日　　　　单位:元　　　　No. 00106

项目		金额 家电类	食品类	补品类	冷冻食品类	黄金饰品类	合计	项目		金额 家电类	食品类	补品类	冷冻食品类	黄金饰品类	合计
昨日结存								今日发出	销售						
今日收入	购进								短缺						
	溢余														
								今日结存							
本月销售计划		/	/	/	/	/	/	本月销售累计							

复核：　　　　　　　　　　　　　　　　制表：

商品进销存日报表

经营单位：　　　　　　　　　　　　年　　月　　日　　　　单位:元　　　　No. 00107

项　目		金　额						项　目		金　额					
		家电类	食品类	补品类	冷冻食品类	黄金饰品类	合　计			家电类	食品类	补品类	冷冻食品类	黄金饰品类	合　计
昨日结存								今日发出							
今日收入	购进														
	溢余														
								今日结存							
本月销售计划		/	/	/	/	/	/	本月销售累计							

复核：　　　　　　　　　　　　　　　　　　制表：

商品进销存日报表

经营单位：　　　　　　　　　　　　年　　月　　日　　　　单位:元　　　　No. 00108

项　目		金　额						项　目		金　额					
		家电类	食品类	补品类	冷冻食品类	黄金饰品类	合　计			家电类	食品类	补品类	冷冻食品类	黄金饰品类	合　计
昨日结存								今日发出	销售						
今日收入	购进								短缺						
	溢余														
								今日结存							
本月销售计划		/	/	/	/	/	/	本月销售累计							

复核：　　　　　　　　　　　　　　　　　　制表：

商品进销存日报表

经营单位：　　　　　　　　　年　　月　　日　　　　单位:元　　　No. 00109

项目		金额						项目		金额					
		家电类	食品类	补品类	冷冻食品类	黄金饰品类	合计			家电类	食品类	补品类	冷冻食品类	黄金饰品类	合计
昨日结存								今日发出							
今日收入	购进														
	溢余														
								今日结存							
本月销售计划		/	/	/	/	/	/	本月销售累计							

复核：　　　　　　　　　　　　　　　　制表：

（七）商业承兑汇票 1 张

商业承兑汇票（存根）　3　　　　ⅨⅣ4584612

签发日期　　年　　月　　日　　　　　　　第　　号

付款人	全称				收款人	全称		
	账号					账号		
	开户银行		行号			开户银行	行号	
汇票金额	人民币（大写）						千 百 十 万 千 百 十 元 角 分	
汇票到期日	年　月　日				交易合同号码			
备注：					负责　　经办			

此联签发人存查

(八) 委托收款结算凭证 1 张

委邮

委托收款 凭证(回　单)　1　委收号码：

委托日期 20　年　月　日　第　号

付款人	全称		收款人	全称			
	账号或地址			账号			
	开户银行			开户银行		行号	

委收金额	人民币：(大写)	千	百	十	万	千	百	十	元	角	分

款项内容		委托收款凭据名称		附寄单证张数	

备注：	款项收妥日期 20　年　月　日	收款人开户行盖章　月　日

此联收款人开户行给收款人的回单

单位主管　会计　复核　记账

(九) 托收承付结算凭证 1 张

邮

中国银行**托收承付**凭证(回　单)　1　第　号　托收号码：

委托日期：20　年　月　日

付款人	全称		收款人	全称			
	账号或地址			账号			
	开户银行			开户银行		行号	

托收金额	人民币：(大写)	千	百	十	万	千	百	十	元	角	分

附件		商品发运情况	合同名称号码
附寄单证张数或册数			

备注：	款项收妥日期 20　年　月　日	(收款人开户银行盖章) 月 日

此联是收款人开户银行给收款人的回单

单位主管　会计　复核　记账

(十) 企业单位统一收据 4 张(包括备用数)

上海市企业单位统一收据　　思开 03-5234865

年　月　日

交款单位________________

人民币(大写)________________　　¥________

系　　付________________

③ 记账联

现金	
支票	
付委	

收款单位(盖章有效)　　财务________　经手人________

上海市企业单位统一收据　　思开 03-5234866

年　月　日

交款单位________________

人民币(大写)________________　　¥________

系　　付________________

③ 记账联

现金	
支票	
付委	

收款单位(盖章有效)　　财务________　经手人________

上海市企业单位统一收据　　思开 03-5234867

年　月　日

交款单位________________

人民币(大写)________________　　¥________

系　　付________________

③ 记账联

现金	
支票	
付委	

收款单位(盖章有效)　　财务________　经手人________

上海市企业单位统一收据　　思开 03-5234868

年　月　日

交款单位________________

人民币（大写）________________　　¥________

系　　付________________

③ 记账联

现 金	
支 票	
付 委	

收款单位（盖章有效）　　　　财务______经手人______

（十一）工会经费缴款书 1 张

行政拨交工会经费缴款书　◯

缴款单位
电　话…………　　缴款日期：20　年　月　日　　字第　　号

每月最后缴款日期：十五日

所属月份		职工人数		本月工资总额		按 2%计应拨交经费	¥

收入基层工会　工作费户		上解上级工会　工作费户		缴款单位	
户　名		户　名		户 名	
账　号		账　号		账 号	
开户行		开户行		开户行	

比　例	万	千	百	十	元	角	分	比　例	万	千	百	十	元	角	分	合 计	十	万	千	百	十	元	角	分
60%								40%																

合计金额人民币：（大写）		上列款项已划转有关工会账户
缴款单位盖章： 年　月　日	工会委员会盖章： 年　月　日	银行盖章

第一联　由银行退缴款单位作回单

（十二）公积金汇缴书 1 张

上海市公积金汇缴书

年　　月　　日　　　　　　　　　　附清册　　　张

单位名称				□汇缴：　　年　　月份			
公积金账号				□补缴：　　人数　　人			
缴交金额（大写）						十 万 千 百 十 元 角 分	
上月汇缴		本月增加汇缴		本月减少汇缴		本月汇缴	
人数	金额	人数	金额	人数	金额	人数	金额
付款行	付款账号	支票号码					
				银行盖章			

第一联　银行盖章后交单位记账

（十三）银行贷款还款凭证 1 张

（流动资金贷款）还款凭证（回　单）　④

原借款凭证单位编号：　　　　日期：20　　年　　月　　日　　原借款凭证银行编号：

付款人	名　　称		借款人	名　　称	
	往来户账号			放款户账号	
	开户银行			开户银行	
计划还款日期		年　　月　　日	还款次序		第　　次还款
借款金额		人民币：（大写）			千 百 十 万 千 百 十 元 角 分
还款内容					
备注：			上述借款已从你单位往来账户内转还　此致 借款单位 （银行盖章）　年　月　日		

此联转账后作回单，退借款单位并代往来户支款通知。

（十四）固定资产盘盈盘亏报告单 1 张

固定资产盘盈盘亏报告单

部门________　　________年________月　　第 0018 号

固定资产类别	固定资产名称	盘盈			盘亏			毁损		
		数量	重置价值	估计折旧	数量	原价	已提折旧	数量	原价	已提折旧
合计										
	原因		审批意见				单位盖章			

第一联

财务负责人：　　复核：　　制表：

（十五）长期待摊费用摊销表 1 张

信谊百货公司长期待摊费用摊销表

年　月

项目	应借科目	本月摊销金额（元）
合计		

复核：　　制表：

（十六）无形资产摊销表 1 张

信谊百货公司无形资产摊销表

年　　月

项　　目	应借科目	本月摊销金额(元)
合　　计		

复核：　　　　　　　　制表：

（十七）预付费用摊销表 1 张

信谊百货公司预付费用摊销表

年　　月

项　　目	应借科目	本月摊销金额(元)
合　　计		

复核：　　　　　　　　制表：

（十八）应付工资分配计算表 1 张

应付工资分配计算表

年　　月

部门 \ 应贷账户 / 应借账户		费　用　项　目	应付职工薪酬——工资
信谊百货商场	销售费用	职工薪酬	
信谊超市	销售费用	职工薪酬	
小　　计			
行政管理部门	管理费用	职工薪酬	
总　　计			

复核：　　　　　　　　制表：

(十九) 应交房产税、城镇土地使用税计算表 1 张

信谊百货公司应交房产税、城镇土地使用税计算表

年　　月

项　　目	计算方法	本月应交金额(元)
合　　计		

复核：　　　　　　　　　　制表：

(二十) 预收收入调整表 1 张

信谊百货公司预收收入调整表

年　　月

项　　目	计算方法	本月调增收入金额(元)
合　　计		

复核：　　　　　　　　　　制表：

(二十一) 委托代销商品销售成本计算表 1 张

信谊百货公司委托代销商品销售成本计算表

年　　月

项　　目	计算方法	本月销售成本(元)
合　　计		

复核：　　　　　　　　　　制表：

（二十二）含税商品销售收入价税分离计算表 1 张

含税商品销售收入价税分离计算表

20_____年___月

商品类别	本月含税商品销售收入	增值税税率	本月不含税商品销售收入	销项税额
合 计				

复核： 制表：

（二十三）库存商品收、发、存月报表 1 张

库存商品收、发、存月报表

20_____年___月

商品类别及品名规格	计量单位	月初余额			本月购进			本月销售			月末结存		
		数量	单价	金额	数量	单价	金额	数量	单价	金额	数量	单价	金额
一、百货类													
其中：铝壳气压保温瓶	只												
铁壳保温瓶	只												
爱德牌 500W 电饭煲	只												
男式羊毛内衣裤——大号	套												
——中号	套												
——小号	套												
女式羊毛内衣裤——大号	套												
——中号	套												
——小号	套												
不锈钢餐具	套												
二、文化用品类													
其中：永胜水笔	支												
TRULY 计算器	只												
好儿童书包	只												
合 计													

财务负责人： 复核： 制表：

（二十四）库存商品进销存月报表 1 张

库存商品进销存月报表

年　　月　　　　　　　　　　　　　　　　单位：元

商品类别	月初结存	本月收入				本月发出				月末结存
		购进	溢余		合计	销售	短缺		合计	
合　计										

财务负责人：　　　　　　　　复核：　　　　　　　　制表：

（二十五）已销商品进销差价计算表 1 张

已销商品进销差价计算表

年　　月　　　　　　　　　　　　　　　　单位：元

商品类别 (1)	月末分配前的“商品进销差价”余额 (2)	月末“库存商品”余额 (3)	本月商品销售成本 (4)	商品进销差价率 $(5)=\frac{(2)}{(3)+(4)}$	已销商品应分摊的商品进销差价 (6)＝(4)×(5)	月末库存商品进销差价 (7)＝(3)×(5)
合　计						

复核：　　　　　　　　制表：

（二十六）短缺商品进销差价分摊表 1 张

短缺商品进销差价分摊表

年　　月

短缺商品类别	短缺商品金额	商品进销差价率	短缺商品应分摊进销差价
合　计			

复核：　　　　　　　　制表：

(二十七) 消费税纳税申报表 1 张

上海市工商企业消费税纳税申报表

所属时间________年____月　　企业代码__________________________　　税务登记号码____________________

申报单位(全称)______________________________　　经济性质______________________________

地　　址____　　开户银行______________________________　　账号_____________________　　金额单位:元

产　品 名　称	征　税 项　目	应税消费品的销售额或应税消费品的数量	消费税税　率(税额)	本 月 应 纳 税 额					
				应　交		已　交		未交(溢交)	
				当月数	累计数	当月数	累计数	当月数	累计数
小　计									

申报单位(盖章)　　财务负责人　　申报日期　　年　　月　　日　　限交日期　　年　　月　　日

负责人　　核收人　　核收日期　　年　　月　　日

填表说明:(1) 企业代码指由本市技监部门颁发的全国统一代码证书号码;

(2) 本表一式两份,税务机关留存一份;退企业一份。

(二十八) 企业所得税纳税申报表 1 张

企业所得税纳税申报表

税款所属期间：自　　年　月　日至　　年　月　日

税务登记号															

金额单位：元

<table>
<tr><td colspan="2">纳税人名称</td><td colspan="5"></td></tr>
<tr><td colspan="2">纳税人地址</td><td></td><td>邮政编码</td><td></td><td>电　话</td><td></td></tr>
<tr><td colspan="2">纳税人所属经济类型</td><td></td><td>纳税人所属行业</td><td colspan="3"></td></tr>
<tr><td colspan="2">纳税人开户银行</td><td></td><td>账　　号</td><td colspan="3"></td></tr>
<tr><td rowspan="12">收入总额</td><td>行次</td><td colspan="3">项　　　目</td><td>申报数</td><td>审核数</td></tr>
<tr><td>1</td><td colspan="3">销售(营业)收入(请填附表一)</td><td></td><td></td></tr>
<tr><td>2</td><td colspan="3">减：销售退回</td><td></td><td></td></tr>
<tr><td>3</td><td colspan="3">　　折扣与折让</td><td></td><td></td></tr>
<tr><td>4</td><td colspan="3">销售(营业)收入净额(1－2－3)</td><td></td><td></td></tr>
<tr><td>7</td><td colspan="3">投资收益[请填附表二(1)第 5 栏合计数](负数不填)</td><td></td><td></td></tr>
<tr><td>7 - 1</td><td colspan="3">利息净收入</td><td></td><td></td></tr>
<tr><td>8</td><td colspan="3">投资转让净收益[请填附表二(2)总计数](负数不填)</td><td></td><td></td></tr>
<tr><td>10</td><td colspan="3">汇兑净收益</td><td></td><td></td></tr>
<tr><td>11</td><td colspan="3">资产盘盈净收益</td><td></td><td></td></tr>
<tr><td>13</td><td colspan="3">其他收入(请附明细表)</td><td></td><td></td></tr>
<tr><td>14</td><td colspan="3">收入总额合计(4＋6＋7＋8＋9＋10＋11＋12＋13)</td><td></td><td></td></tr>
<tr><td rowspan="26">扣除项目</td><td>15</td><td colspan="3">销售(营业)成本(请填附表三)</td><td></td><td></td></tr>
<tr><td>15 - 1</td><td colspan="3">销售(营业)税金及附加</td><td></td><td></td></tr>
<tr><td>16</td><td colspan="3">期间费用合计[17＋…＋(41 - 2)]</td><td></td><td></td></tr>
<tr><td>17</td><td colspan="3">其中：职工薪酬(请填附表四)</td><td></td><td></td></tr>
<tr><td>18</td><td colspan="3">　　职工福利费、职工工会经费、职工教育经费[请填附表四(1)]</td><td></td><td></td></tr>
<tr><td>19</td><td colspan="3">　　固定资产折旧(请填附表五)</td><td></td><td></td></tr>
<tr><td>20</td><td colspan="3">　　无形资产、长期待摊费用摊销(请填附表五)</td><td></td><td></td></tr>
<tr><td>22</td><td colspan="3">　　利息净支出</td><td></td><td></td></tr>
<tr><td>23</td><td colspan="3">　　汇兑净损失</td><td></td><td></td></tr>
<tr><td>26</td><td colspan="3">　　业务招待费</td><td></td><td></td></tr>
<tr><td>27</td><td colspan="3">　　税费</td><td></td><td></td></tr>
<tr><td>28</td><td colspan="3">　　坏账损失(请填附表六)</td><td></td><td></td></tr>
<tr><td>29</td><td colspan="3">　　增提的坏账准备金(请填附表六)</td><td></td><td></td></tr>
<tr><td>30</td><td colspan="3">　　资产盘亏、毁损和报废净损失</td><td></td><td></td></tr>
<tr><td>31</td><td colspan="3">　　投资转让净损失(请填附表二)</td><td></td><td></td></tr>
<tr><td>32</td><td colspan="3">　　社会保险金等缴款[请填附表四(2)]</td><td></td><td></td></tr>
<tr><td>33</td><td colspan="3">　　劳动保护费</td><td></td><td></td></tr>
<tr><td>34</td><td colspan="3">　　广告支出(请填附表七)</td><td></td><td></td></tr>
<tr><td>35</td><td colspan="3">　　捐赠支出(请填附表八)</td><td></td><td></td></tr>
<tr><td>35 - 1</td><td colspan="3">　　资助支出</td><td></td><td></td></tr>
<tr><td>36</td><td colspan="3">　　审计、咨询、诉讼费</td><td></td><td></td></tr>
<tr><td>37</td><td colspan="3">　　差旅费</td><td></td><td></td></tr>
<tr><td>38</td><td colspan="3">　　会议费</td><td></td><td></td></tr>
<tr><td>39</td><td colspan="3">　　运输、装卸、包装、保险、展览费等销售费用(请附明细表)</td><td></td><td></td></tr>
<tr><td>41</td><td colspan="3">　　以前年度损失调整</td><td></td><td></td></tr>
<tr><td>41 - 1</td><td colspan="3">　　其他各项准备金</td><td></td><td></td></tr>
</table>

（续表）

	行次	项　　　目	申报数	审核数
扣除项目	41－2	其他扣除费用项目(附明细表)		
	42	纳税调整前所得[14－15－(15－1)－16]		
	43	加：纳税调整增加额[44＋…＋(58－8)]		
	44	其中：职工薪酬纳税调整额[请填附表四(1)]		
应纳税所得额的计算	45	职工福利费、职工工会经费和职工教育经费的纳税调整额[请填附表四(1)]		
	45－1	社会保险金等调整额[请填附表四(2)]		
	46	利息支出纳税调整额		
	47	业务招待费纳税调整额		
	48	广告支出纳税调整额(请填附表七)		
	49	赞助支出纳税调整额		
	50	捐赠支出纳税调整额(请填附表八)		
	50－1	资助支出调整额		
	51	折旧、摊销支出纳税调整额[请填附表五(1)]		
	52	坏账损失纳税调整额(请填附表六)		
	53	坏账准备纳税调整额(请填附表六)		
	54	罚款、罚金或滞纳金		
	55	其他各项准备金调整额		
	56	以前年度损益调整额		
	58	投资转让净损失调整额		
	59	减：纳税调整减少额(60＋61)		
	60	其中：研究开发费用附加扣除额(请填附表十)		
	61	其他纳税调整减少项目(请填附表十三)		
	62	纳税调整后所得(42＋43－59)		
	63	减：弥补以前年度经营亏损(不包括投资损失亏损)[请填附表九(1)]		
	64	减：免税所得(65＋…＋71)		
	65	其中：国债利息所得		
	71	其他免税所得(请附明细表)		
	72	应纳税所得额(62－63－64)		
	73	适用税率		
	74	应缴所得税额		
	77	经批准减免的所得税额(请填附表十一)		
	77－1	调整后应缴所得税额(74－75－76－77)		
	77－3	本年应入库所得税额[(77－1)－(77－2)]		
	78	加：期初未交所得税额		
	79	减：本年本企业已缴纳的所得税额		
	80	实际应补(退)的所得税额[(77－3)＋78－79－(79－1)]		
声明	谨声明：此纳税申报表是根据《中华人民共和国企业所得税暂行条例》的规定填报的，是真实的、可靠的、完整的。 声明人签字：			

纳税人代表签章： 纳税人单位公章： 日期：　　年　月　日 联系电话：	代理申报中介机构签章： 日期： 经办人： 经办人执业证件号码： 联系电话：

以下由税务机关填写：
经办人：

受理申报税务机关公章

受理申报日期：
审核人：
审核日期：

(二十九) 递延所得税资产计算表 1 张

信谊百货公司递延所得税资产计算表

年　　月

<table>
<tr><td rowspan="2">项　　目</td><td rowspan="2">账目价值</td><td rowspan="2">计税基础</td><td colspan="2">暂时性差异</td></tr>
<tr><td>可抵扣暂时性差异</td><td>应纳税暂时性差异</td></tr>
<tr><td></td><td></td><td></td><td></td><td></td></tr>
<tr><td>合　　计</td><td></td><td></td><td></td><td></td></tr>
<tr><td colspan="3">年末“递延所得税资产”账户余额</td><td colspan="2"></td></tr>
<tr><td colspan="3">期初“递延所得税资产”账户余额</td><td colspan="2"></td></tr>
<tr><td colspan="3">当年确认递延所得税资产</td><td colspan="2"></td></tr>
</table>

复核：　　　　　　　　　　　　　　　　　制表：

（三十）科目汇总表 2 张

科目汇总表

20　年　月　日至　月　日

编号：

凭证号数				
凭证号数	现金	自第	号至	号止
	银行	自第	号至	号止
	其他	自第	号至	号止
	转账	自第	号至	号止

会计科目	总页	借方金额										贷方金额										会计科目	总页	借方金额										贷方金额									
		千	百	十	万	千	百	十	元	角	分	千	百	十	万	千	百	十	元	角	分			千	百	十	万	千	百	十	元	角	分	千	百	十	万	千	百	十	元	角	分
合计																						合计																					

财会主管　　　　记账　　　　复核　　　　制表

科目汇总表

20　年　月　日至　月　日

编号：				
凭证号数	现金	自第	号至	号止
	银行	自第	号至	号止
	其他	自第	号至	号止
	转账	自第	号至	号止

会计科目	总页	借方金额										贷方金额										会计科目	总页	借方金额										贷方金额									
		千	百	十	万	千	百	十	元	角	分	千	百	十	万	千	百	十	元	角	分			千	百	十	万	千	百	十	元	角	分	千	百	十	万	千	百	十	元	角	分
合计																						合计																					

财会主管　　记账　　复核　　制表

(三十一) 资产负债表1张

资 产 负 债 表

会企01表

编制单位：　　　　　　　　　　　　______年______月______日　　　　　　　　　　　　单位：元

资　　产	期末余额	年初余额	负债和所有者权益（或股东权益）	期末余额	年初余额
流动资产：			流动负债：		
货币资金			短期借款		
以公允价值计量且其变动计入当期损益的金融资产			以公允价值计量且其变动计入当期损益的金融负债		
应收票据及应收账款			应付票据及应付账款		
预付款项			预收款项		
其他应收款			应付职工薪酬		
存货			应交税费		
持有待售资产			其他应付款		
一年内到期的非流动资产			持有待售负债		
其他流动资产			一年内到期的非流动负债		
流动资产合计			其他流动负债		
非流动资产：			流动负债合计		
可供出售金融资产			非流动负债：		
持有至到期投资			长期借款		
长期应收款			应付债券		
长期股权投资			长期应付款		
投资性房地产			预计负债		
固定资产			递延收益		
在建工程			递延所得税负债		
生产性生物资产			其他非流动负债		
油气资产			非流动负债合计		
无形资产			负债合计		
开发支出			所有者权益(或股东权益)：		
商誉			实收资本(或股本)		
长期待摊费用			资本公积		
递延所得税资产			减：库存股		
其他非流动资产			其他综合收益		
非流动资产合计			盈余公积		
			未分配利润		
			所有者权益(或股东权益)合计		
资 产 总 计			负债和所有者权益(或股东权益)总计		

(三十二) 利润表 1 张

利 润 表

会企 02 表

编制单位：　　　　　　　　　　　　　　　　____年　　　　　　　　　　　　　　　　单位：元

项　　　目	本期金额	上期金额
一、营业收入		
减：营业成本		
税金及附加		
销售费用		
管理费用		
研发费用		
财务费用		
其中：利息费用		
利息收益		
资产减值损失		
加：其他收益		
投资收益(损失以"—"号填列)		
其中：对联营企业和合营企业的投资收益		
公允价值变动收益(损失以"—"号填列)		
资产处置收益(损失以"—"号填列)		
二、营业利润(亏损以"—"号填列)		
加：营业外收入		
减：营业外支出		
三、利润总额(亏损总额以"—"号填列)		
减：所得税费用		
四、净利润(净亏损以"—"号填列)		
(一) 持续经营净利润(净亏损以"—"号填列)		
(二) 终止经营净利润(净亏损以"—"号填列)		
五、其他综合收益的税后净额		
(一) 不能重分类进损益的其他综合收益		
1. 重新计量设定受益计划变动额		
2. 权益法下不能转损益的其他综合收益		
……		
(二) 将重分类进损益的其他综合收益		
1. 权益法下可转损益的其他综合收益		
2. 可供出售金额资产公允价值变动损益		
3. 持有至到期投资重分类为可供出售金融资产损益		
4. 现金流量套期损益的有效部分		
5. 外币财务报表折算差额		
……		
六、综合收益总额		
七、每股收益：		
(一) 基本每股收益		
(二) 稀释每股收益		

（三十三）现金流量表1张

现金流量表

会企03表

编制单位：__________　　　　年　　　　单位：元

项　　目	金　　额
一、经营活动产生的现金流量	
销售商品、提供劳务收到的现金	
收到的税费返还	
收到其他与经营活动有关的现金	
经营活动现金流入合计	
购买商品、接受劳务支付的现金	
支付给职工以及为职工支付的现金	
支付的各项税费	
支付其他与经营活动有关的现金	
经营活动现金流出合计	
经营活动产生的现金流量净额	
二、投资活动产生的现金流量	
收回投资收到的现金	
取得投资收益收到的现金	
处置固定资产、无形资产和其他长期资产收回的现金净额	
处置子公司及其他联营单位收到的现金净额	
收到其他与投资活动有关的现金	
投资活动现金流入合计	
购建固定资产、无形资产和其他资产支付的现金	
投资支付的现金	
支付其他与投资活动有关的现金	
投资活动现金流出合计	
投资活动产生的现金流量净额	
三、筹资活动产生的现金流量	
吸收投资收到的现金	
取得借款收到的现金	
收到其他与筹资活动有关的现金	
筹资活动现金流入合计	
偿还债务支付的现金	
分配股利、利润或偿付利息支付的现金	
支付其他与筹资活动有关的现金	
筹资活动现金流出合计	
筹资活动产生的现金流量净额	
四、汇率变动对现金及现金等价物的影响	
五、现金及现金等价物净增加额	
加：期初现金及现金等价物余额	
六、期末现金及现金等价物余额	

（续表）

补　充　资　料	本期金额	上期金额
1. 将净利润调节为经营活动现金流量：		
净利润		
加：资产减值准备		
固定资产折旧、油气资产折耗、生产性生物资产折旧		
无形资产摊销		
长期待摊费用摊销		
处置固定资产、无形资产和其他长期资产的损失(收益以“－”号填列)		
固定资产报废损失(收益以“－”号填列)		
公允价值变动损失(收益以“－”号填列)		
财务费用(收益以“－”号填列)		
投资损失(收益以“－”号填列)		
递延所得税资产减少(增加以“－”号填列)		
递延所得税负债增加(减少以“－”号填列)		（略）
存货的减少(增加以“－”号填列)		
经营性应收项目的减少(增加以“－”号填列)		
经营性应付项目的增加(减少以“－”号填列)		
其他		
经营活动产生的现金流量净额		
2. 不涉及现金收支的重大投资和筹资活动：		
债务转为资本		
一年内到期的可转换公司债券		
融资租入固定资产		
3. 现金及现金等价物净增加情况：		
现金的期末余额		
减：现金的期初余额		
加：现金等价物的期末余额		
减：现金等价物的期初余额		
现金及现金等价物净增加额		

（三十四）所有者权益变动表 1 张

所有者权益变动表

会企 04 表

编制单位：信谊百货公司　　　　2018 年度　　　　单位：元

项　目	本 年 金 额										上 年 金 额									
	实收资本（股本）	其他权益工具			资本公积	减：库存股	其他综合收益	盈余公积	未分配利润	所有者权益合计	实收资本（股本）	其他权益工具			资本公积	减：库存股	其他综合收益	盈余公积	未分配利润	所有者权益合计
		优先股	永续债	其他								优先股	永续债	其他						
一、上年年末余额																				
加：会计政策变更																				
前期差错更正																				
其他																				
二、本年年初余额																				
三、本年增减变动金额（减少以“－”号填列）																				
（一）综合收益总额																				
（二）所有者投入和减少资本																				
1. 所有者投入的普通股																				
2. 其他收益工具持有者投入资本																				
3. 股份支付计入所有者权益的金额																				
4. 其他																				
（三）利润分配																				
1. 提取盈余公积																				
2. 对所有者（或股东）的分配																				
3. 其他																				
（四）所有者权益内部结转																				
1. 资本公积转增资本（或股本）																				
2. 盈余公积转增资本（或股本）																				
3. 盈余公积弥补亏损																				
4. 设定受益计划变动额结转留存收益																				
5. 其他																				
四、本年年末余额																				

九、外购空白记账凭证及账页

（仅提供样张）

（一）收款凭证 18 张

收　款　凭　证

借方科目　　　　20　年　月　日

总号	
分号	

摘　要	应贷科目		✓	金额										
	一级科目	二级和明细科目		亿	千	百	十	万	千	百	十	元	角	分
合　计														

附件　张

财会主管　记账　出纳　复核　制单　领款人签章

（二）付款凭证 36 张

付　款　凭　证

贷方科目　　　　20　年　月　日

总号	
分号	

摘　要	应借科目		✓	金额										
	一级科目	二级和明细科目		亿	千	百	十	万	千	百	十	元	角	分
合　计														

附件　张

财会主管　记账　出纳　复核　制单　领款人签章

（三）转账凭证 68 张

转 账 凭 证

总号	
分号	

20　　年　　月　　日

摘要																
借方科目			贷方科目			金额										
一级科目	二级或明细科目	✓	一级科目	二级或明细科目	✓	千	百	十	万	千	百	十	元	角	分	附件
																张
合计																

财会主管　　　　记账　　　　复核　　　　制单

（四）记账凭证封面及封底(抽出单据记录)4 套

凭 证 封 面

编号	

20　　年　　月份

单位名称	
凭证名称	
册数	第　　册共　　册
起讫编号	自第　　号至第　　号
起讫日期	自 20　　年　　月　　日至　　月　　日

主管＿＿＿＿装订＿＿＿＿

抽 出 单 据 记 录

抽出日期			抽出单据名称	张数	抽出单据理由	抽取人签章	财会主管签章	附注
年	月	日						

（五）账簿启用及接交表 4 张

账簿启用及接交表

单位名称		印　　鉴
账簿名称	（第　　　册）	
账簿编号		
账簿页数	本账簿共计　　　页（本账簿页数 检点人盖章　　　）	
启用日期	公元　　　年　月　日	

经管人员	负　责　人		主办会计		复　　核		记　　账	
	姓　　名	盖章	姓　　名	盖章	姓　　名	盖章	姓　　名	盖章

接交记录	经　管　人　员		接　　管				交　　出			
	职　　别	姓　　名	年	月	日	盖章	年	月	日	盖章

备注	

目　录

编号	科目	页码	编号	科目	页码	编号	科目	页码

（六）日记账账页5张

年		凭证号数	对方科目	摘要	总页	收入（借方）										付出（贷方）										结存									
月	日					千	百	十	万	千	百	十	元	角	分	千	百	十	万	千	百	十	元	角	分	千	百	十	万	千	百	十	元	角	分

（七）三栏式账页 54 张

分页________ 总页________

会计科目____________________

明细科目____________________

年		凭证		摘要	对应科目	借方														贷方														借/贷	余额													
月	日	种类	号数			百	十	亿	千	百	十	万	千	百	十	元	角	分	✓	百	十	亿	千	百	十	万	千	百	十	元	角	分	✓		百	十	亿	千	百	十	万	千	百	十	元	角	分	✓

（八）数量金额式库存商品明细账账页2张

计量单位________ 规格________ 类别________

年		凭证		摘要	收入												发出												结存											
月	日	种类	号数		数量	单价	金额										数量	单价	金额										数量	单价	金额									
							千	百	十	万	千	百	十	元	角	分			千	百	十	万	千	百	十	元	角	分			千	百	十	万	千	百	十	元	角	分

(九) 多栏式(17栏)销售费用、管理费用明细账账页4张

总页________ 分页________

________级科目________________

________级科目________________

年		凭证号数	摘要	借方										贷方										借/贷	余额										( )																																														
月	日			千	百	十	万	千	百	十	元	角	分	千	百	十	万	千	百	十	元	角	分		千	百	十	万	千	百	十	元	角	分	百	十	万	千	百	十	元	角	分	百	十	万	千	百	十	元	角	分	百	十	万	千	百	十	元	角	分	百	十	万	千	百	十	元	角	分	百	十	万	千	百	十	元	角	分	百	十

分页______ 总页______

______级科目______

______级科目______

方 金 额 分 析

千	百	十	元	角	分	百	十	万	千	百	十	元	角	分	百	十	万	千	百	十	元	角	分	百	十	万	千	百	十	元	角	分	百	十	万	千	百	十	元	角	分	百	十	万	千	百	十	元	角	分	百	十	万	千	百	十	元	角	分	百	十	万	千	百	十	元	角	分	百	十	万	千	百	十	元	角	分

（十）多栏式应交增值税明细账账页 2 张

总第______页 分第______页

____级科目编号及名称______________

____级科目编号及名称______________

应交税费——应交增值税明细账

年		凭证		摘要	借方					贷方					借	余额	
					合计	✓	进项税额	已交税金	转出未交增值税	合计	✓	销项税额	进项税额转出	转出多交增值税			
月	日	种类	号数		千百十万千百十元角分		千百十万千百十元角分	千百十万千百十元角分	千百十万千百十元角分	千百十万千百十元角分		千百十万千百十元角分	千百十万千百十元角分	千百十万千百十元角分		千百十万千百十元角分	✓

十、实习参考答案

（一）库存现金日记账、银行存款日记账余额

1. 库存现金	2 028.43 元
2. 银行存款——中国工商银行	285 329.68 元
——中国银行	154 805.08 元

（二）本月商品进销差价率

1. 家电类	18.14%
2. 补品类	30.50%
3. 食品类	20.23%
4. 冷冻食品类	17.65%
5. 黄金饰品类	22.85%

（三）损益类部分账户本月发生额

1. 主营业务收入	1 162 686.45 元
2. 主营业务成本	955 839.15 元
3. 税金及附加	4 458.50 元
4. 销售费用	64 634.76 元
5. 其他业务收入	8 400.00 元
6. 其他业务成本	1 800.00 元
7. 管理费用	83 854.61 元

（四）利润总额及应纳税所得额

1. 本月利润总额	−56 812.84 元
2. 本月应纳税所得额	51 774.58 元

（五）年度财务报表部分项目金额

1. 资产负债表

(1) 应收票据及应收账款	3 862 927.25 元
(2) 存货	1 686 488.08 元
(3) 应交税费	10 865.49 元
(4) 资产总额（或权益总额）	13 563 655.62 元
(5) 未分配利润	805 728.04 元

2. 利润表

净利润本年累计数	697 038.10 元

3. 现金流量表

(1) 经营活动产生的现金流量净额	747 269.36 元
(2) 投资活动产生的现金流量净额	−21 180.00 元
(3) 筹资活动产生的现金流量净额	−611 025.00 元
(4) 支付给职工以及为职工支付的现金	1 064 340.96 元
(5) 经营性应收项目的减少(减增加)	−660 425.40 元
(6) 经营性应付项目的增加(减减少)	363 587.86 元

(六) 有关财务指标

1. 毛利率(综合)	18.36%
2. 销售利润率	6.56%
3. 总资产报酬率	9.18%
4. 净资产收益率	7.37%
5. 资本保值增值率	105.40%
6. 资产负债率	28.49%
7. 流动比率	1.56
8. 速动比率	1.12
9. 应收账款周转率	4.95
10. 存货周转率	6.56

十一、编制记账凭证与财务报表提示及疑难解答

(一) 经济业务账务处理提示及疑难解答

业务(4)：不含税售价贷记“主营业务收入”账户，增值税额贷记“应交税费——应交增值税(销项税额)”账户，代销手续费借记“销售费用”账户，增值税额借记“应交税费——应交增值税(进项税额)”账户，应收净额借记“应收账款”账户。

业务(5)：购进用于职工福利的固定资产，其进项税额不得从销项税额中抵扣。

业务(9)：采用托收承付结算方式，购货方收到销货方委托银行转来的付款通知时，承付期内，不必进行账务处理；承付期满时再进行账务处理。

业务(13)：零售企业含税销售收入于月终集中进行价税分离。下同(编制商品进销存日报表时，同日购进商品也应列入进销存日报表，下同)。

业务(24)：职工子女医药费在管理费用中列支，应通过“应付职工薪酬”账户核算。

业务(25)：代垫运费通过“应收账款”账户核算。

业务(28)：该包装物出租计算应交增值税。

业务(29)：独生子女补贴、车贴在管理费用列支，均不计入工资总额，不通过“应付职工薪酬”账户核算。本项业务应编制银付凭证如下：

借：应付职工薪酬	63 703.48	
管理费用	1 785.00	
财务费用	23.58	
贷：银行存款		65 512.06

独生子女补贴在管理费用列支的规定，参见(93)财卫字 376 号文。

业务(30)：结转代扣款项时，代扣个人所得税通过“应交税费”账户，其余代扣款项则通过“其他应付款”账户核算。

借：应付职工薪酬	12 585.45	
贷：其他应付款——住房公积金		4 644.54
——养老保险费		5 308.04
——工会会费		297.30
——失业保险费		663.51
——医疗保险费		1 327.01
应交税费——应交个人所得税		345.05

业务(31)： 本项业务应根据社会保险费及住房公积金等计算表编制记账凭证。根据规定，

我们对计提社会保险费及住房公积金等的账务处理在表中作了提示，以帮助实习者了解企业有关实务。由于地区政策规定不尽相同以及政策本身的变化，可能与实际有所不同。

业务(32)：划转代扣的职工工会会费借记“其他应付款——工会会费”账户，以冲减应交付的工会会费。

业务(33)：短缺的一袋桂圆价税合计 35.73 元转入“待处理财产损溢”账户过渡。

业务(39)：发生销售折让时，根据对方转来的“折让证明单”，开具红字发票，冲销当月主营业务收入 4 420 元和销项税额 707.20 元。本项业务账务处理如下：

借：主营业务收入——百货	4 420.00	
应交税费——应交增值税(销项税额)	707.20	
贷：应收账款——昆山百货公司		5 127.20

业务(40)：收到预付租用柜台租金作为预收账款处理，纳税义务发生。

业务(42)：职工报销子女托费在管理费用中列支，应通过“应付职工薪酬”账户核算。

业务(44)：赞助费 5 000 元作为营业外支出，但申报所得税时应作纳税调整。

业务(56)：本项业务编制转账凭证如下：

借：在途物资	30.80	
应交税费——应交增值税(进项税额)	4.93	
贷：待处理财产损溢		35.73

业务(57)：按 90%优惠销售，直接减少主营业务收入，不单独进行账务处理。

业务(60)：错发的女式羊毛内衣对方退回并拒付 16 820 元，根据对方转来的“进货退出证明单”，开具红字专用发票，冲销当月主营业务收入 14 500 元和销项税额 2 320 元。本项业务账务处理如下：

借：主营业务收入	14 500.00	
应交税费——应交增值税(销项税额)	2 320.00	
贷：应收账款——南通百货公司		16 820.00

业务(72)：货架采用“五五摊销法”，报废时应编制以下两张记账凭证：

借：管理费用	277.50	
贷：低值易耗品——低值易耗品摊销		277.50

借：低值易耗品——低值易耗品摊销	555.00	
贷：低值易耗品——在用低值易耗品		555.00

业务(73)：房产税、城镇土地使用税记入“税金及附加”账户。

业务(74)：出租包装物的成本记入“其他业务成本”账户。

业务(75)：柜台租金收入作为其他业务收入。

业务(76)：本项业务账务处理如下：

借：主营业务成本	25 600.00	
贷：库存商品——委托代销商品		25 600.00

业务(81)：经营损失在“管理费用”账户中列支。

业务(82)：年末坏账准备按账龄分析法调整时，还要考虑“坏账准备”账户已有贷方余额14 609.32元，应按两者差额进行账务处理。

业务(83)：年末按成本与可变现净值孰低法对存货跌价准备调整时，还要考虑“存货跌价准备”账户已有贷方余额4 298.81元。本项业务账务处理如下：

借：资产减值损失　611.38

　贷：存货跌价准备——气压式保温瓶　114.00

　　　　　　　　——爱德500W电饭煲　416.00

　　　　　　　　——补品类　81.38

业务(85)：本月应进行所得税调整的事项如下：

(1) 超过计税标准发放的工资薪金支出，不能在计算应纳税所得额时扣除，应调增纳税所得4 298.81元。

(2) 业务招待费，根据《中华人民共和国企业所得税法实施条例》第四十三条规定，企业发放的与生产经营活动有关的业务招待费支出，按照发生额的60%扣除，但最高不得超过当年销售(营业)收入的5‰。本年度发生业务招待费64 795元(61 958.40+2 836.60)，扣除额为38 877元(64 795×60%)；全年营业收入1 409 731.10元(12 926 344.65+1 171 086.45)，最高扣除额为70 487.16元(1 409 731.10×5‰)，允许扣除额为38 877元，应调增纳税所得25 918元(64 795×40%)。

(3) 对外投资采用成本法(下同)，收到中外合资祥安百货公司分派的税后利润19 000元，应调减纳税所得19 000元。

(4) 对外投资采用成本法，收到通顺实业公司分派的税后利润25 000元，应调减纳税所得25 000元。

(5) 赞助支出，不能在计算应纳税所得额时扣除，应调增纳税所得5 000元。

(6) 本年度计提的坏账准备金额，不能在计算应纳税所得额时扣除，应调增纳税所得116 759.23元。

(7) 本年度计提的存货跌价准备金额，不能在计算应纳税所得额时扣除，应调增纳税所得611.38元。

本月纳税所得应为51 774.58元(－56 812.84+4 298.81+25 918－19 000－25 000+5 000+ 116 759.23+611.38)。

年末确定递延所得税资产或递延所得税负债时，该公司资产负债表中有关项目账面价值及其计税基础如下：

项　目	账面价值	计税基础	暂时性差异	
			可抵扣暂时性差异	应纳税暂时性差异
应收账款	2 642 354.25	2 773 710.00	131 355.75	
其他应收款	627.20	640.00	12.80	
存货	1 687 907.81	1 692 818.00	4 910.19	
合　计	4 330 889.26	4 467 168.00	136 278.74	

年末“递延所得税资产”账户余额为34 069.69元(136 278.74×25%),当年确认递延所得税资产为30 417.36元(34 069.69−3 652.33)

企业所得税纳税申报表上,第43行次“纳税调整增加额”应填列152 587.42元,第59行次“纳税调整减少额”应填列44 000元。

本项业务账务处理如下:

借:所得税费用	12 943.65	
贷:应交税费——应交所得税		12 943.65
借:递延所得税资产	30 417.36	
贷:所得税费用		30 417.36

(二)编制现金流量表提示及疑难解答

根据经济业务发生的先后顺序,按涉及经营活动现金流量、投资活动现金流量、筹资活动现金流量,分别在现金流量表台账有关专栏登记其流入和流出,然后结出本月合计数及本年累计数,并根据“七、(一)”及12月份有关账户记录编制年度现金流量表。

销售商品、提供劳务收到的现金:本项目应填入金额13 524 523.93元,其中12月份金额为957 960.28元。

购买商品、接受劳务支付的现金:本项目应填入金额11 178 186.75元,其中12月份金额为868 109.04元。支付的电费(业务47)、预付财产保险费(业务18)应在本项目中反映。

支付的其他与经营活动有关的现金:本项目应填入金额219 608.07元,其中12月份金额为10 393.86元。主要包括:差旅费的预借和报销(业务10、业务14);支付的金融机构手续费(业务29);在管理费用中列支的办公费、业务招待费(业务43、业务45、业务62);在营业外支出中列支的赞助费(业务44)等。

财务费用:本项目应填入金额60 645元,其中12月份金额为6 324.50元,系借款利息支出(业务51)。

存货的减少(减增加):本项目应填入金额125 670.59元,其中12月份金额为−292 361.72元。本项目应根据:1~11月份本项目累计发生额+12月月初存货余额−12月月末存货余额计算填列。